Acompañamiento terapéutico

De lo clínico a lo comunitario

Acompañamiento terapéutico : de lo clínico a lo comunitario / Beatriz Janín ... [et al.] ; compilación de Brian Banszczyk ... [et al.]. - 1a ed - Ciudad Autónoma de Buenos Aires : Centro de Publicaciones Educativas y Material Didáctico, 2023.
168 p. ; 22,5 x 15,5 cm.

ISBN 978-987-538-973-1

1. Acompañante Terapeútico. 2. Salud Mental. 3. Terapia Familiar. I. Janín, Beatriz II. Banszczyk, Brian, comp.
CDD 150

Colección Conjunciones
Corrección de estilo: Liliana Szwarcer
Diagramación: Patricia Leguizamón
Diseño de cubierta: Pablo Gastón Taborda

Los editores adhieren al enfoque que sostiene la necesidad de revisar y ajustar el lenguaje para evitar un uso sexista que invisibiliza tanto a las mujeres como a otros géneros. No obstante, a los fines de hacer más amable la lectura, dejan constancia de que, hasta encontrar una forma más satisfactoria, utilizarán el masculino para los plurales y para generalizar profesiones y ocupaciones, así como en todo otro caso que el texto lo requiera.

Las referencias digitales de las citas bibliográficas se encuentran vigentes en el momento de la publicación de este texto. La editorial no se responsabiliza por los eventuales cambios que produzcan con posterioridad quienes manejan los respectivos sitios y plataformas.

1ª edición, agosto de 2023

Se terminó de producir en el mes de agosto de 2023
en Centro de Publicaciones Educativas y Material Didáctico S.R.L.,
Av. Corrientes 4345, Ciudad Autónoma de Buenos Aires.

noveduc libros

Av. Corrientes 4345 (C1195AAC) Buenos Aires - Argentina
Tel.: (54 11) 5278-2200
E-mail: contacto@noveduc.com
www.noveduc.com

ISBN 978-987-538-973-1

Queda hecho el depósito que establece la Ley 11.723
Impreso en Argentina - Printed in Argentina

Brian Banszczyk, Graciela Bustos,
María Laura Frank y Karina González (comps.)

Acompañamiento terapéutico

De lo clínico a lo comunitario

noveduc

Brian Banszczyk. Licenciado en Psicología y acompañante terapéutico. Profesor de la cátedra de Introducción al Acompañamiento Terapéutico de la Tecnicatura universitaria de la UNC. Presidente de AATRA (Asociación de Acompañantes Terapéuticos de Argentina). Miembro docente y supervisor en Fundación Sistere. Coordinador del área de AT de la Clínica Saint Michel de Córdoba. Miembro de diversos comités científicos y organizador de congresos de AT. Autor de múltiples artículos científicos de AT. Miembro en equipos de investigación sobre AT en la UNC.

Graciela Bustos. Doctora en Psicología (UNSL). Magister en Salud Mental (UNER). Coordinadora de postgrado Facultad de Ciencias Médicas, Universidad Católica de Cuyo, sede San Luis. Docente de Lic. Acompañamiento Terapéutico (UGR). Docente de la Facultad de Ciencias Médicas (UCCUYO.) Expresidenta Asociación de Acompañantes terapéuticos de Argentina (AATRA). Jefa del servicio de Salud Mental del Hospital de Salud Mental de San Luis. Autora de libros y artículos sobre salud mental y acompañamiento terapéutico. Miembro de la Comisión Directiva de AATRA.

María Laura Frank. Magíster en Pareja y Familia (IUSAM). Licenciada en Psicología (UNC). Especialista en Psicología Clínica (CPPC). Profesora del Departamento de Acompañamiento Terapéutico (UNC), cátedra Introducción al Acompañamiento Terapéutico. Investigadora del Instituto de Ciencia y Técnica (Secyt-UNC). Miembro de la CD de AATRA (Asociación de Acompañantes Terapéuticos de la República Argentina). Directora de Fundación Sistere, Asociación Psicoanalítica de Córdoba.

Karina L. González. Licenciada en Psicología con orientación psicoanalítica lacaniana (Universidad de Morón). Maestranda en Formación de Teoría Psicoanalítica Lacaniana (UNC). Acompañante terapéutica (Fundación Sistere, Cba). Docente de asignaturas varias en Tecnicatura en AT (UNC). Supervisora en prácticas de Trayectos finales de cursantes de Tec. en AT (UNC). Miembro comité evaluador de TIF en Tecnicatura AT (UNC). Investigadora del Instituto de Ciencia y Técnica (Secyt-UNC). Miembro comisión directiva (AATRA). Cofundadora, coordinadora, docente y supervisora de Espacio Terapéutico Rizoma (Río III, Cba.). Autora de artículos sobre AT. Ganadora de premio Federico Manson en Congreso de AT (2013) y Mención a mejor trabajo en Congreso de AT (2023).

Patricia C. de Cara. Lic. en Psicología (UNC). Especialista en Psicología Clínica (Colegio de la Prov. de Córdoba). Miembro adherente de la Asociación Psicoanalítica de Córdoba, dependiente de la Asociación Psicoanalítica Internacional (API). Coordinadora de Simposios (APC). Coordinadora del Área de Psicología de la Clínica Saint Michel (institución monovalente). Coordinadora del Área de Capacitación y Docencia (CSM). Referente institucional de prácticas supervisadas de la Facultad de Psicología (UNC y UCC). Codirectora de Psicoarte - Rehabilitación en Salud Mental. Miembro vocal de Fundación Sistere.

Alejandro Chévez Mandelstein. Acompañante terapéutico en el equipo de E. Kalina y S. Kuras. Psicólogo por la Universidad de Buenos Aires y la Universidad Complutense de Madrid. Máster en Psicología Social. Psicodramatista. Ha sido psicólogo del Equipo de Apoyo Social Comunitario de Tetuán, Supervisor de equipos de Rehabilitación Psicosocial en Salud Mental, organizador del I Congreso Español de Acompañamiento Terapéutico y de las Jornadas Madrileñas de 2012, 2015 y 2018, formador y supervisor de acompañantes terapéuticos. Cofundador de la Asociación PASOS y coordinador del libro *Acompañamiento Terapéutico en España.*

Pablo A. Dragotto. Lic. en Psicología (Universidad Nacional de Córdoba). Psicoanalista especializado en tratamiento de adicciones. Fue Director Nacional de Prevención de las Adicciones (Sedronar). Docente del Departamento de Acompañamiento Terapéutico, Fac. de Psicología (UNC), cátedra Teoría y Técnica del AT. Miembro de la Asociación Psicoanalítica de Córdoba. Coautor del libro *Acompañantes. Conceptualizaciones y experiencias en AT* (2012). Autor de artículos y capítulos de libros en la materia. Ha dictado cursos y seminarios en Argentina, Brasil, Costa Rica, México y España.

Ivana G. Faria. Acompañante terapéutica con especialización en Salud Mental, Escolar y Diversidad Funcional. Miembro del equipo de acompañantes terapéuticos Clínica Saint Michel (Córdoba). Miembro de equipos de inclusión escolar. Ayudante alumna del Departamento en la Tecnicatura en AT, cátedra Introducción al Acompañamiento Terapéutico, UNC. Estudiante en la licenciatura en Psicología y del Profesorado en Psicología, UNC. Estudiante en tramo final de la Tecnicatura en AT, UNC.

Demétrius França. Doctor en Psicología clínica (USP). Magister en psicología clínica y cultura (UnB). Psicólogo (UnB). Profesor del instituto federal de Brasilia, IFB, Campus San Sebastián. Ministra disciplinas sobre habilidades interpersonales y autogestión. Consejero electo para el segundo mandato en el Consejo regional de Psicología del distrito federal, 2019/22 y 2023/26. Autor de dos libros sobre acompañamiento terapéutico grupal y artículos científicos sobre el mismo tema.

Beatriz Janin. Licenciada en Psicología (UBA). Psicoanalista. Directora de las carreras de Especialización en Psicología clínica con niños y Psicoanálisis con Adolescentes (UCES). Presidenta de la Asociación Civil Forum Infancias. Profesora de posgrado en universidades de Argentina, Chile, México y Colombia. Dicta seminarios y conferencias en Argentina, España, Francia, México e Italia. Autora de *Niñas, niños y adolescentes en tiempos de desamparo colectivo* (2022), *Infancias y adolescencias patologizadas* (2018), *Intervenciones en la clínica psicoanalítica con niños* (2013), *El sufrimiento psíquico en los niños* (2011). Coautora de *Dislexia y dificultades de aprendizaje* (2017), *Le mouvement. Entre psichopathologie et créativité* (2015) y *Paura del futuro* (2005), entre otros libros. Directora de la revista *Cuestiones de infancia.*

Maximiliano Peverelli. Licenciado en Psicología (UBA) y acompañante terapéutico. Magister en Gestión de Servicios de Salud Mental (se adeuda tesis) (ISALUD). Director de la Fundación para el Desarrollo del Acompañamiento Terapéutico (FUNDAT). Director del Equipo de Acompañamiento Terapéutico AGORA. Miembro de la Comisión Directiva de AATRA. Representante a cargo de la filial Buenos Aires de AATRA. Se desempeñó como perito psicólogo en el marco de las Defensorías Públicas Curadurías, Defensoría General de la Nación. Participó de diversos proyectos educativos relativos al acompañamiento terapéutico.

Juliana Pozzerle. Licenciada en Psicología (UNC). Especialista en Violencia Familiar y Género (UBA-CIM-OEA). Diplomada en Psicodrama y Corporeidad (Inst. Máscara-UAI) y en Políticas Públicas (ACEP-Konrad Adenauer-ICES). Experta en Violencia Sexual y Masculinidades. Docente e investigadora universitaria de la Facultad de Psicología-Acompañamiento Terapéutico (UNC). Psicoterapeuta. Autora y gestora de programas y cursos sobre Violencia de Género y Masculinidades. Fue directora general del Centro Integral de Varones y coordinadora de Capacitación en el Ministerio de la Mujer (Córdoba). Trabajó en áreas de gobierno para el abordaje de la trata de personas, explotación sexual y delitos de lesa humanidad.

Índice

Prólogo

Cuando don Ricardo Rojas (1882-1957) presentó su *Informe sobre Educación* hace más de un siglo, formuló una advertencia que, por no escuchada, regresa recurrentemente. Este intelectual nacional que fuera rector de la UBA gracias al Reformismo del 18, y el gran sistematizador de la literatura y la cultura argentinas, había visitado –como enviado oficial del gobierno argentino– varios países europeos durante tres años, para estudiar sus sistemas educativos. Al regresar, presentó un extenso memorial en el que fundamentaba la idea surgida de su experiencia: el edificio pedagógico nacional debía tener un cimiento común a todas las disciplinas: conocer a fondo la historia argentina, partiendo cada una de ellas de ese conocimiento histórico que construye y sustenta nuestra identidad como individuos, como familias, como pueblo y como nación. No proponía que Historia fuera una materia curricular: la proponía como base de todas ellas.

En este libro escrito por destacados integrantes de la Asociación de Acompañantes Terapéuticos de la República Argentina (AATRA), la vida diaria, los procesos grupales, sociales, culturales y políticos cotidianos siguen dando la razón a aquella noción del pensador santiagueño. Cada vez que afloran las crisis que nos implican, surge la necesidad de conocer el recorrido de ellas, sus afinidades y raíces; de entender la originalidad y la tradición que esas crisis vuelven a trasmitir, presentificándolas.

¿Es cierto que "lo pasado es pisado"? ¿Venimos del aire? La respuesta es obvia, pero no debe ser tomada como un destino fatal, sino como un "devenir histórico". Eso sostiene el filósofo cordobés Carlos Astrada (1894-1970), un brillante estudioso de la dialéctica hegeliana y gramsciana fuertemente anclada al conocimiento de la realidad nacional y social, con sus conflictos entre lo viejo y lo nuevo, motor de la vida humana, de sus cambios, desarrollos, involuciones y caos.

En definitiva, el método clínico nos indica siempre comenzar historizando. La historia clínica es la base indispensable para conocer al sujeto o grupo que, frente a nosotros, solicita ser atendido. Y en esa HC coexisten la novela familiar, los antecedentes biográficos, los datos identitarios, el entorno ambiental, los usos y costumbres, las lecturas, colores, aromas, recuerdos, vocaciones y músicas que colorean la vida del ser humano concreto que se halla frente a nosotros. No se trata de registrar tan solo su "estado actual", como reza la ficha clínica, sino cómo, cuándo y por qué se llega a él. Y ahí, la dialéctica de pasado/presente construye un nuevo conocimiento, revelador de que la historia no es solo el pasado o de que ella está en el presente; la historia es presente.

En *Siete ensayos de interpretación sobre la realidad peruana* (1928), otro latinoamericano, José Carlos Mariátegui (1894-1930), apuntó en la misma dirección: "Dejemos de ver a América desde Europa para ver a Europa desde América".

Demetrius França, en su trabajo, rescata lúcidamente el origen argentino y brasileño del acompañante terapéutico. Es obvio: el estudio histórico lo ubica hace más de sesenta años en nuestros lares. Pero, en nuestro pensamiento, ¿es tan obvio? ¿Tenemos plena conciencia de que se trata de un producto "industria nacional"? Y, siguiendo con metáfora, ¿asumimos que el mismo tiene "calidad de exportación"? AATRA, a través de los autores de este libro, forman parte de esto que sostengo.

Esa construcción original llamada AT nos exige saber los tiempos y lugares de origen para entender plenamente su esencia. En "los sesenta" (como suelen denominarse de modo simplificado esos años) también creció la noción de salud mental, luego del desastre de la Segunda Guerra Mundial y el Holocausto (1939-1945). La realidad social obligó a los psiquiatras a construir un nuevo instrumental para comprender lo que tenían ante sus ojos, sin poder verlo por completo. Algo había intuido ya Winnicott (1896-1971) que, desde los micrófonos de la BBC de Londres, en pleno bombardeo nazi sobre el Reino Unido, había definido un lugar público que le exigió nuevas ideas para instrumentarse debidamente. Él aportó al psicoanálisis una mirada hacia lo sociocultural, el espacio de pasaje que llamó "transicional". El abordaje bicorporal y tripersonal por sí solo ya no podía dar cuenta de los graves problemas colectivos. Millones de muertos, heridos, desplazados y hambreados gritaban necesidades no cubiertas que interpelaban nuestra disciplina.

Esa tragedia bélica también ingresó masivamente a la Argentina, que recibió millones de inmigrantes europeos con su desarraigo, su hambre, sus terrores, sus expectativas y esperanzas. Algo se repetía en nuestro país, como sesenta años atrás, e impactó de lleno en nuestras instituciones, nuestra cultura y nuestra cotidianidad (la poesía tanguera de la época supo recoger esas historias). La tristeza y la ilusión juntas demandaban a todos. La psiquiatría social argentina iniciada, entre otros por Enrique Pichon-Rivière (1907-1977) y José Bleger (1922-1972), abrió enfoques capaces de ir abarcando el fenómeno de nostalgias e ignorancias colectivas que implicaban un malestar. Sin embargo, la experiencia de pueblos tan disímiles como los que convivían fue capaz de crear, otra vez, saludables mixturas sociales que modificaron el rumbo colectivo.

Había un instrumental previo en la Argentina que logró ser de utilidad. La Reforma Universitaria de 1918 en Córdoba, que con tanta certeza despliega Dragotto en su trabajo, había ya creado el primer grupo argentino de práctica psicoanalítica (1921) compuesto por el joven médico psiquiatra Gregorio Bermann (1894-1972), el gran poeta cordobés Arturo Capdevila (1889-1967) y un jefe del servicio de Clínica Médica del Hospital Universitario de Córdoba, que había comprendido la relación entre inconsciente y enfermedades somáticas. De ese grupo surgió otro médico reformista, el santafesino Emilio Pizarro Crespo (1904-1944), que, en los años treinta, publicaría más de cincuenta trabajos psicoanalíticos.

Es la misma época (1935) en que, desde Córdoba, Bermann publica la *Primera Revista Latinoamericana de Psicoterapias* (la segunda en el mundo), en cuyo número aparece un artículo de un "joven psiquiatra francés", Jacques Lacan (1901-1981) sobre "Transferencia y contratransferencia". Beatriz Janin, con mucha propiedad, nos acerca al maestro francés para pensar las "tormentas" internas y sus críticos "desencadenantes" pandémicos, seguramente recordando la idea freudiana de que "las guerras externas desencadenan las guerras internas".

Estas raíces provincianas del psicoanálisis argentino, ¿tendrán relación con la fuerte presencia de los acompañantes terapéuticos en todo el territorio nacional? Recuerdo una conversación con el maestro mendocino Ricardo Horacio Etchegoyen (1919-2016), quien llegó a presidir la IPA, en la que me explicaba el modo en que conocer otras realidades sociales determina replanteos teóricos y técnicos profundos. Un tema para estudiar.

En este método soberano de indagar la realidad, conocerla en sus contradicciones internas y luego operar sobre ella para transformarla, se fundó por aquellos años un movimiento que luego se continuaría en la corriente de la salud mental. El mayor padecimiento de los pobres era la tuberculosis (no existían aún los antibióticos, que cambiarían la situación). Los sanitaristas buscaban formas de combatirla, y existía una corriente entre ellos que consideraba que la internación e institucionalización prolongada era iatrogénica, por lo que buscaron otras formas de atender el padecimiento. El doctor Gonzalo Bosch (1885-1967) encabezó entonces un movimiento desde la psiquiatría, retomando la experiencia de los dispensarios ambulatorios de la Liga Argentina de Lucha contra la Tuberculosis. Él generó un dispositivo similar para enfermos mentales y sus familias, apelando al valor de la libertad como base de las terapéuticas. Aparece entonces el movimiento por la Higiene Mental, apoyado en una experiencia similar que se venía haciendo desde principios del siglo XX en EE.UU. Acompañar a los enfermos y sus grupos de pertenencia fue un pilar de esa práctica que apelaba a la no restricción, como postulaba también por entonces el doctor Domingo Cabred (1859-1929), con la institución de las colonias para tratar de terminar los aislamientos y encierros. Sucedió hace un siglo, en Argentina, con mucha lucha, muchos obstáculos y muchas ideas nuevas. De ahí venimos. Es nuestra propia "novela profesional" que muestra un principio anticolonial básico: atreverse al ejercicio de la soberanía nacional en el plano del pensamiento y la praxis transformadora, resistiendo la dominante tendencia académica de descalificar lo propio, por serlo, y asumir sin crítica lo extraño, históricamente sacralizado. Este pensamiento está presente en el capítulo que escribe Juliana Pozzerle, quien rescata clínica y contexto, lo que la lleva con naturalidad a indagar e indagarse sobre relaciones de poder –violencias sociales–, con las luchas consecuentes y su papel en la subjetividad humana. Desde allí ella fundamenta el papel del at en un poder del Estado: el Judicial, que marca como experiencia instrumental en el campo transicional entre el Derecho y la Salud Mental.

Lo que coagula en "los sesenta" es este largo proceso, este recorrido nada lineal, signado por aciertos y fracasos, apoyos y resistencias. María L. Frank, en un capítulo de esta obra, señala que ella fue hasta allí a buscarse, a identificarse. Una cordobesa que viaja en el tiempo hasta Buenos Aires para reencontrarse con sus mayores. La historia es hoy; también es hoy.

Este libro tiene recurrentes referencias a la pandemia, posiblemente porque en nuestras disciplinas esta tuvo un impacto todavía no tan fácil de mensurar. Sabemos que algo pasó en ese "naufragio "como afirman Ivana G. Faria y Karina L. González, que evalúan que el acompañamiento terapéutico constituyó en ese momento una tabla de salvación. Quizás el mayor impacto que se dio y sigue dando en nuestras prácticas esté signado más por la cuarentena que por la misma pandemia. Una reclusión necesaria, sin duda, que nos vuelve a enseñar que los recursos para combatir enfermedades también tienen efectos secundarios no deseables, y que lo terapéutico no posee un solo filo: hay otro simultáneo, que puede enfermar y, a veces, también matar. Brian Banszcyzk hace alguna referencia a esto, al recordarnos que los diagnósticos pueden llegar a tener peso identificatorio y reemplazar, a veces, el propio nombre y apellido del afectado. Es tan significativo socialmente el proceso patológico (o su rehabilitación), que la enfermedad mental se transforma en el eje sobre el que gira la vida cotidiana de los sujetos y sus grupos de pertenencia. La misma preocupación se evidencia en el capítulo de Patricia de Cara, quien señala que la "internación institucional en Salud Mental liga a los pacientes en una causa común". Si Cabred, Bosch, Pichon, Bleger y Goldenberg la leyeran, sin duda asentirían.

"No venimos de un repollo". Nos pasa a los seres humanos que en nuestra progenie se codifica el devenir de nuestros pueblos y regiones, de nuestros seres significativos, presentes o ausentes. En su texto, Máximo Peverelli se refiere al inicio multidisciplinario del AT. Apela fuertemente a la noción de equipo, al concebir un origen en la heterogeneidad de sus componentes e historia. Los ríos no llevan solamente agua: maderas, restos diversos, piedras y cuanto ellos puedan arrastrar configura la corriente. Y siempre es río, aunque no el mismo.

Seguramente, su experiencia en el proceso de transformación institucional de San Luis conduce a Graciela Bustos a plantear explícitamente los vínculos de comunidad, instituciones y Estado en un movimiento no cristalizado, sino como procesos situados donde los otros no son un Otro abstracto (como se suele exponer), sino referido al con-texto mutante, un texto que, por vincular y relacional, tiene los colores cambiantes del caleidoscopio.

Escribir deriva del *scribere* latino, pero sus raíces se encuentran en los orígenes del género humano. *Scrib* era la palabra indostaní con la que se designaba al instrumento de madera dura que dejaba huellas en la arcilla. De ese modo, otros seres humanos también las verían, entenderían y podrían contestarlas. En los términos en que lo platea Alejandro Chévez en el capítulo a su cargo, escribir es también una forma de "poner el cuerpo". Y muestra que ese modo de hacerlo no exige nuestra presencia física. El trabajo que realizamos hace años con familiares de detenidos-desaparecidos, víctimas de la dictadura argentina (una labor señera en el mundo), nos ayudó a entender que las figuras significativas que apuntalan nuestra subjetividad también actúan desde su ausencia, durante toda nuestra vida e incluso de manera transgeneracional. Como los libros, sus autores, personajes, historias, escenas, diálogos y desenlaces.

Eso es escribir: trasmitir huellas que arman senderos; que van y vienen; que perduran según su profundidad, la dureza de la arcilla, la fortaleza de la mano escribiente, los vientos, las aguas o temporales, según hemos leído más arriba.

Ese es también el destino de esta publicación coral. Cambiarán los coristas, el auditorio, las partituras, pero sobre esta otros se apoyarán.

El presente libro ya es leído por viejos maestros inmemoriales. Con tal acta bautismal nace.

Jorge Luis Pellegrini
Médico psiquiatra
Premio Mundial de Psiquiatría WPA 2005 - 2008

PRIMERA PARTE

Dispositivos clínicos en acompañamiento terapéutico (AT)

Capítulo I

La incidencia de la pandemia de COVID-19 en la constitución subjetiva

Beatriz Janin

Venimos de años muy difíciles. La pandemia de COVID-19 nos dejó dolores, duelos y temores, pero también aprendizajes. Todos los que nos desempeñamos en salud mental tuvimos más trabajo que nunca, al intentar estar cerca de las personas que lo necesitaban. Y esto nos forzó a recrearnos, a imaginar nuevos modos de estar presentes.

Acompañar a niñas y niños, a las y los adolescentes, así como a sus familias, no resultó fácil y fue absolutamente necesario. Nadie puede atravesar solo una situación tan compleja, y eso quedó demostrado. A la vez, mientras el mundo estaba inmerso en un escenario atípico e inesperado, el modo en que niñas, niños y adolescentes se comportaban pasó a ser considerado patológico por muchos profesionales. Es decir, en lugar de que pensar en las derivaciones de este cimbronazo en la constitución subjetiva, lo que predominó (y sigue prevaleciendo) es una mirada patologizadora sobre las infancias y adolescencias, que ubica la causa de las dificultades en un sujeto disociado del entorno.

Quizás esta sea la forma de desmentir el gran golpe al narcisismo que esta pandemia provocó en todos, en tanto evidenció que nadie puede salvarse solo ni es dueño absoluto de su propia vida, sino que toda vida se da en un entramado con otros. El que alguien se cuide o no repercute en los demás. Así como los avatares de nuestra vida no dependen tan solo de nosotros, la salida también es colectiva, y esto puede golpear narcisismos.

La pandemia fue y sigue siendo una tormenta atípica, que desencadenó diversas tormentas internas.

Considero que niñas, niños y adolescentes están entre los que más sufrieron y en ellos estamos viendo las consecuencias psíquicas. El confinamiento, los temores, las distancias y la falta de encuentros les dejaron marcas.

Se vieron obligados a tramitar temores propios y ajenos, angustias y depresiones de sus padres, la ausencia del contacto con otros niños... y esto terminó acarreando muchísimas dificultades, tanto en la primera infancia como en la niñez y en la adolescencia. Cuando tuvieron a alguien que los escuchara y les diera un espacio, quienes tenían recursos simbólicos para representar sus estados internos pudieron expresarse a través de dibujos y juegos o armando relatos. Pero muchos carecieron tanto de esos recursos como de defensas para vérselas con un suceso tan disruptivo y, además, se encontraron con adultos sujetos a sus propios avatares. Desesperados, deprimidos, asustados y sobrecargados de obligaciones, sintiéndose muy solos, muchos adultos no pudieron sostener a sus hijos y, entonces, esos niños y adolescentes no tuvieron escucha. Que en esos casos hubiese una mirada y una escucha externa al grupo familiar fue fundamental. Es decir, nuestro lugar fue de una enorme importancia.

Así, constatamos que el papel de los trabajadores de la salud mental resulta fundamental en situaciones de catástrofe y se manifestó la imprescindible necesidad de un replanteo de las intervenciones en diferentes espacios

Sabemos que, incluso en un mismo tiempo y en un mismo lugar, hay infancias y adolescencias diferentes, con distintos recursos y diversos tipos de sufrimiento... Esto también quedó al descubierto de un modo brutal durante estos años. Y no tenerlo en cuenta constituye una forma de violencia.

Es importante (y en gran medida, nuestra tarea) que las marcas de lo vivenciado puedan transformarse en producción creativa. Esto tiene consecuencias no solo para los niños, niñas y adolescentes, sino también para sus descendientes. Las generaciones actuales inciden sobre las futuras; seguimos teniendo huellas de lo vivenciado por nuestros antepasados y los que nos sigan heredarán en gran medida los agujeros que no pudimos zurcir, pero también les llegarán rastros de nuestros modos de resolver dificultades, de ligarnos con otros, de encontrar placer y de poner en juego emociones y pensamientos.

Si bien la solidaridad y el individualismo se potenciaron, niñas, niños y adolescentes se mostraron solidarios y sintieron temor de dañar a otros. Podría decirse que prevaleció en ellos una ética del cuidado, que seguramente dejó marcas en muchos. Nos asombraron por el modo en que asumieron las medidas de prevención, por la preocupación que tenían en no contagiar a los adultos, por la angustia que experimentaban cuando algún compañero no podía conectarse por carecer de internet o porque compartía un celular con el resto de la familia.

A la vez, también vimos que niñas, niños y adolescentes se apropiaron activamente de las medidas de cuidado de sí mismos y de los demás. Aprendieron a usar el barbijo mejor que los adultos y se preocuparon por los otros, temiendo contagiarlos. Y, en ese sentido, ocurrió algo que es para tener en cuenta: niñas, niños y adolescentes temieron dañar a los adultos e intentaron protegerlos. Esto muestra cómo la construcción del lazo social, la solidaridad y la noción de la responsabilidad en el cuidado hacia las otras personas –o sea, la dimensión ética– puede construirse muy tempranamente. La pandemia fue una ocasión para descubrir las posibilidades de los niños en ese sentido, cuando hay una transmisión colectiva que sostiene la idea de cuidado. Estas cuestiones abren puertas para seguir pensando.

Es decir que niñas, niños y adolescentes debieron realizar un importante trabajo psíquico, debieron procesar sus propios temores y, sobre todo, convivir con los miedos de los otros.

A la vez, aunque la tecnología nos permitió estar juntos sin contacto físico, la web implica un cúmulo de información que suele ser improcesable, sobre todo para niñas y niños. Y produce efectos en sus modos de pensar y de sentir, en cómo van ligando las huellas que dejan sus vivencias.

Pero, en lugar de reflexionar acerca de lo ocurrido y lo que sucede, en este momento encontramos el recrudecimiento de una mirada que ubica a niñas, niños y adolescentes como "trastornos". Así, parecería que hubiera pandemias de TEA (trastorno de espectro autista), de TDAH (trastorno por desatención con hiperactividad) y de TOD (trastorno oposicionista desafiante), en tanto todas las manifestaciones del sufrimiento son leídas como conductas patológicas, sin tener en cuenta los avatares sociales en los que están inmersas las infancias y adolescencias.

Se verifica una tendencia muy fuerte a pensar que todo está en el "cerebro", que lo que reina es la voluntad de cada uno y que la felicidad es algo puramente interno (lo que excluye la solidaridad con el dolor de los otros). Es decir, se borran de un plumazo la incidencia de lo social, el conflicto, el inconsciente y los avatares de la infancia, en tanto se avala la falta de empatía.

Son muchos los que desmienten la incidencia de la pandemia en la constitución subjetiva de las infancias y adolescencias actuales, lo que es un modo de refutar la incidencia de lo social en esa constitución. Esto los lleva a evaluar el desarrollo infantil empleando los parámetros de otros tiempos y espacios; a exigir a niñas, niños y adolescentes que en la escuela sigan los contenidos del año en el que están (aunque no hayan tenido posibilidades de incorporar conocimientos anteriores y necesarios), y a comportarse en las familias, en las escuelas y en la sociedad como si no hubiesen permanecido aislados durante muchos meses (meses que en la infancia y en la adolescencia tienen una dimensión diferente de la del mundo adulto).

Desde los diferentes ámbitos, nuestra tarea consiste en lograr revertir esta situación, poniendo el eje en las potencialidades de cada uno y escuchando a los niños, a los adolescentes y a los padres en sus sufrimientos.

Los acompañantes terapéuticos desempeñan un papel muy importante en este sentido, porque la mirada que tengan sobre ese sujeto en crecimiento será la que le transmitirán con sus gestos, palabras y acciones. Es decir que va a incidir en la representación que el niño construya de sí mismo y en la confianza que tenga en sus posibilidades.

En estos años aprendimos mucho y también nos vimos obligados a revisar teoría y encuadre. Quedó muy claro que somos seres sociales, necesitados de múltiples vínculos desde el nacimiento.

“Los individuos no preexisten a sus interacciones; antes bien, los individuos emergen por medio y como parte de su interrelación entrelazada” señala Barad (en Berardi, 2021, p. 67)

Desde que nacemos, necesitamos diferentes voces, distintos contactos... También es cierto que es muy difícil criar a un hijo en soledad, pues las demandas de un bebé –e incluso las de un niño pequeño– son infinitas. Pero, además y, sobre todo, lo que demostró la pandemia es que tan solo estando bien con uno mismo se puede sostener a otro. Y eso es muy difícil de conseguir cuando el mundo tambalea y no hay soportes claros.

Entonces, la familia nuclear no es suficiente: es necesaria “la tribu” para criar a un sujeto. Y es fundamental acompañar a los adultos que están con niñas, niños y adolescentes.

Justamente, el acompañamiento terapéutico supone el cuidado del otro, una de las claves de nuestra época para salir del individualismo. Acompañar es estar al lado de otro en un recorrido en el que él (o ella) va marcando el camino, pero el acompañante terapéutico está para el momento en que ese otro necesite la presencia de alguien que escuche, contenga, preste una mirada y una atención que no siempre son fáciles de obtener en un mundo en el que todo se mueve de modo vertiginoso y, en muchos casos, se han roto los lazos sorofraternos.

Comprometerse con el otro, acompañarlo en situaciones difíciles, es una tarea compleja, en tanto supone haber elaborado las propias debilidades, las propias angustias, los propios desconciertos o, por lo menos, haberlos identificado, para no confundirse con aquel que requiere nuestra presencia.

No solo eso: el acompañante terapéutico debe sostener una alta dosis de creatividad. Pienso que todos los que trabajamos en salud mental tenemos que apelar a la creatividad, a la imaginación y revisar permanentemente nuestras prácticas...

Y muchas veces es preciso improvisar para después reflexionar sobre lo hecho, compartirlo con colegas, llevarlo a la supervisión y al propio análisis, para que de todo (también de los inevitables errores) resulten aprendizajes.

En el 2022 se hicieron mucho más notorias las dificultades en el desarrollo infantil. Así, tenemos que pensar cómo se dio la constitución subjetiva de los niños muy pequeños y a qué se deben los retrasos que aparecen masivamente en el desarrollo del lenguaje y de la motricidad. Y también en las dificultades de quienes están transitando los años de la escuela, que tuvieron la penosa experiencia de temer la muerte de los adultos y, en muchos casos, de sufrirla.

Por eso propongo pensar las consecuencias de estas catástrofes sociales en la constitución subjetiva, en lugar de catalogar a los niños, de ubicarlos como patológicos, como "trastornos", sin considerar el contexto y la historia.

Venimos viendo un incremento notorio del retraso en la adquisición del lenguaje y más dificultades en establecer vínculos con otras personas... Pero en tiempos en los que es difícil expresar con palabras lo que se siente y no hay mucho espacio psíquico para escuchar a otro, la incorporación del lenguaje –que siempre es un don, un regalo– se hace difícil.

Sabemos que los bebés dependen del estado psíquico de los progenitores y que están pendientes de sus gestos, sus tonos de voz y sus miradas. Van a poder transitar esos primeros tiempos de acuerdo al modo en que lo hagan sus padres y al lugar que les den. Pero, en las circunstancias que hemos vivido, la desesperación, unida al encierro, fue devastadora. Los padres, a la vez que podían estar desolados, deprimidos y angustiados, se hallaban sobrepasados por obligaciones. En ese escenario, un bebé es capaz de identificarse con el adulto deprimido y desvitalizarse, retrayendo las investiduras del mundo, o puede ponerse particularmente demandante y exigir atención permanente. Y los padres, frente a este agobio y al temor al contacto con otros, recurrieron en gran medida a las pantallas. Al no poder contar con otras y otros que ayudasen en la crianza, las máquinas reemplazaron a los vínculos humanos. Y nadie aprende a moverse ni a hablar con máquinas.

Por eso, más que una epidemia de TEA (trastorno de espectro autista), lo que hay es que muchos niños atravesaron los primeros años de su vida en condiciones atípicas, encerrados con madres y/o padres que no estaban en condiciones de donar lenguaje ni juego y que tenían dificultades para sostenerse a sí mismos en medio del pánico colectivo a la muerte. Estos niños mamaron el encierro, el terror, los duelos de sus padres, sin tener otros con los que mantener un tipo de lazo diferente, sin escuchar distintas voces ni sentir nuevas caricias. Tampoco tuvieron espacio para desplegar sus movimientos e ir adquiriendo autonomía en el manejo de su cuerpo.

Es decir, nos encontramos sorpresivamente con la demostración fáctica de la necesidad de compartir la crianza y de que, efectivamente, se necesita una tribu para criar a un niño.

A la vez, la carencia de lenguaje y de juego por parte de los adultos convivientes también dificultó la posibilidad de que los niños tramitaran sus pulsiones, y eso los llevó a manifestar funcionamientos impulsivos, evidentes en la vida cotidiana, que fueron sancionados y ubicados como patológicos por los adultos.

También debemos considerar que, con el estallido psíquico que provocó la información permanente acerca de contagios y muertes (algo que se verificó en todos los países), se hizo difícil hablar de lo que se sentía y ubicar un futuro que no fuera amenazante.

Es muy frecuente evaluar a niñas y niños que nacieron y crecieron en estos tiempos como si nada hubiese ocurrido. Diferencio “evaluar” y diagnosticar. Las "evaluaciones" emplean cuestionarios y protocolos ya establecidos e incluso, en muy poco tiempo, llegan a poner un nombre, una etiqueta, sin tomar en cuenta la historia de ese niño ni de esa familia, ni dejar que tanto los padres como él se expresen libremente, del modo en que puedan. Lo más grave, a mi entender, es que esas valoraciones implican pronósticos, o sea, signan el futuro de un niño, niña o adolescente. Diagnosticar, por el contrario, supone escuchar al niño, observar sus juegos, sus gestos, sus dibujos, sus movimientos... Supone escuchar a los padres y dejarlos hablar con libertad. Y esto requiere varias entrevistas, a lo largo de las cuales se van vislumbrando las dificultades, pero también las posibilidades que presenta aquel por el que consultan y quienes consultan por él. Además, siempre, la conclusión a la que lleguemos al realizar el diagnóstico será transitoria, modificable al tiempo, en tanto nos referimos personas en plena vía de estructuración psíquica.

Cuando se busca una supuesta "normalidad", podemos preguntarnos de qué se trata la misma, efectivamente. Frente a esto, Joyce McDougall plantea:

> Pero un dominio demasiado grande del yo social, hiperrazonable y sobreadaptado, no es mucho más deseable que una predominancia de las fuerzas pulsionales desencadenadas. Es difícil precisar el punto en que la norma se convierte en argolla del espíritu y en el cementerio de la imaginación. (McDougall, 1996, p. 433)

Se hace indispensable la construcción de una subjetividad crítica, cuestionadora, que no quede subsumida en los mandatos de un mundo en el que el sometimiento de la mayoría es necesario para que obtengan ganancias unos pocos.

Algo que no podemos olvidar es la historia, tanto la de ese niño o adolescente como la de su familia, pero también (como quedó demostrado con la pandemia) la historia de esa sociedad.

Entonces, en lugar de buscar desviaciones de la norma, tenemos que ubicar las dificultades, o los conflictos, en una historia y un entorno.

Y, en estos tiempos, cuando nos preguntamos por las dificultades infantiles y adolescentes o por los modos particulares de expresar lo que los agobia, debemos tener en cuenta que ellos vivieron una suerte de escena pesadillesca; que no tuvieron contacto con personas externas al centro de la familia nuclear; que no escucharon voces diferentes ni fueron tocados por otros; que su mundo se pobló de silencios en diversos momentos... y que, en muchos casos, tuvieron poco espacio en el psiquismo parental, ocupado por otras preocupaciones.

También se alzan voces que plantean que los niños están desatentos en las escuelas y que esto indica un aumento de casos de TDA (trastorno por déficit de atención). Es decir, se habla con mucha facilidad de un incremento de un déficit al que se le atribuye una raíz biológica, en lugar de considerar que lo que se manifiesta es que la capacidad de concentración varía según los contextos y los momentos psíquicos. Y que muchos niños y adolescentes están en situación de duelo, por lo que tienen que realizar un trabajo psíquico importante y no pueden atender a los contenidos escolares. Otros han quedado sumidos en temores y terrores y, por ende, están atentos a las señales de peligro.

Byung-Chul Han afirma que se abandonó la atención profunda y se la fue reemplazando por una forma de atención por completo distinta: la hiperatención. "Esta atención dispersa se caracteriza por un acelerado cambio de foco entre diferentes tareas, fuentes de información y procesos" (Han, 2017, p. 35). Es decir, hay fenómenos que ya se verificaban y se incrementaron.

Al encontrarse con los cuerpos de los otros, en presencia, con el contacto corporal, quienes están transitando los primeros grados de la escuela muestran muchas dificultades para establecer un vínculo empático. Se vienen golpeando y empujando como modos de reconocimiento del otro y en el otro. Esto lleva a que en muchos casos se los catalogue como oposicionistas desafiantes o se lean esas conductas como síntomas de patologías graves de origen neurológico.

Entonces, es preciso tener mucho cuidado al diagnosticar patologías, para no encerrar a otros en diagnósticos ni poner sellos en donde hay intentos de encontrar nuevos caminos...

Una de las cuestiones que me parece importante tener en claro es que, cuando se pide acompañamiento para un niño en una escuela o en una familia, no es el niño el que no puede, sino la institución escuela o la institución familia las que necesitan ayuda. Esto también supone la no patologización, porque plantea la dificultad como colectiva y nos reubica a todos como a quienes podemos requerir ayuda y ser acompañados en diferentes momentos.

En relación a los adolescentes, me preocupa mucho la anulación de todo deseo. Esta anulación puede llevar al retraimiento y a la búsqueda de salidas "de shock", que se vivencian como un "despertar" aunque terminen siendo autodestructivas. Así, en nuestro país y en el mundo, encontramos actualmente un aumento de ciertas conductas: cortes, trastornos de alimentación, consumo de sustancias, intentos de suicidio.

En sentido contrario, resulta clave que los adolescentes sostengan deseos y proyectos. Los proyectos son la presencia de la pulsión de vida allí donde el narcisismo primario se quiebra; muestran la distancia con el ideal y a la vez lo ubican como posible. Implican movimiento y vitalidad.

Ayudarlos a escribir lo vivenciado, a armar relatos, historias con los medios que puedan y a la vez promover que sostengan lazos con otros parece ser necesario para que prime Eros, en un momento en que sienten que ese cuerpo cambiante y deseante corre riesgos.

En tanto el tiempo tiene para ellos una dimensión diferente de la que adquiere en la adultez, suponen que los años del confinamiento constituyeron una suerte de "tiempo perdido", un no-tiempo, y sienten lo no vivenciado como irrecuperable. Es decir, quedan en una especie de añoranza de lo que no fue, de lo que no ocurrió.

Por eso me parece central (y no solo en los tratamientos) plantear un tiempo futuro, ayudarlos a pensar proyectos, estimular la escritura, para que vayan dejando marcas de lo vivido y, de ese modo, se les facilite la apertura al mundo mediante todos los medios posibles.

Estos años supusieron un desafío para nosotros. Tuvimos que ser muy creativos. Nos reinventamos. Descubrimos posibilidades que desconocíamos y nos conectamos con pacientes y alumnos de modos inimaginables antes de la pandemia. Aprendimos con los niños y nos abrimos también nosotros a efectuar aprendizajes novedosos. El esfuerzo fue muy grande, pero sostuvimos lazos. Y confirmamos algo que ya conocíamos: el encuadre se construye con el paciente, así como una clase se construye con los alumnos.

Cuando comenzó la pandemia, pensaba que debía encontrar el modo de decirles a los pacientes que yo seguía estando, que en medio de tanta muerte estaba viva y podían contar conmigo. También consideré que era preciso abrir ventanas en medio del encierro y acercar otros rostros, otras palabras, del modo en que se pudiera...

Eso me llevó, en las primeras semanas, a mandarles videos en los que los saludaba, les contaba un cuento o les hablaba de diferentes modos. Muy pronto, empezamos a hacer videollamadas y después pasamos al zoom. Y, para mi sorpresa, los niños lo sostuvieron, aun los de tres años de edad. Pudimos jugar, dibujar y conectarnos, a través de las pantallas.

La vuelta a la presencialidad tampoco fue fácil. Con barbijo, sin barbijo, con distancia, en espacios aireados... Todo fue cambiando y anduvimos a los saltos, pero sostuvimos una posición ética, de reconocimiento del otro como sujeto digno de intercambios simbólicos.

Me parece importante tener en cuenta que las intervenciones que realicemos en la comunidad, en las escuelas y en la clínica serán diferentes según la conceptualización que hagamos del ser humano y de la sociedad, y cómo pensemos la historia individual y colectiva.

Desde los distintos ámbitos en los que nos movemos, considero imprescindible pensar a niñas, niños y adolescentes como sujetos en constitución, marcados por sus historias y las de sus familias, por la sociedad en la que viven y por los entornos cercanos, entre los cuales la escuela ocupa un lugar importante.

Tendremos que contextualizar las dificultades que presentan niñas, niños y adolescentes y transmitirles a los padres y a ellos mismos la idea de que están en transformación permanente, sin posibilidad alguna de ser encasillados. Es fundamental acompañarlos en ese recorrido, en su crecimiento, considerando sus avatares, sus sufrimientos y su historia, y también los diferentes momentos por los que transitan.

Somos artífices de futuro, en tanto dejamos justamente que el devenir pueda darse. Es decir, sostener la esperanza implica sostener una mirada en la que el otro sea reconocido como tal, entendiendo que no es posible predecir ni controlar todo y que debemos dejar que la vida fluya y aportar para que ese fluir derive en nuevos vuelos. Nuestra tarea es posibilitarlos. No podemos predecir qué camino seguirán, pero si miramos a cada niño y adolescente como otro y nos sorprendemos con cada logro, seguramente será diferente del que le han vaticinado los que se suponen adivinos de futuros aciagos, sin tener en cuenta la historia social.

Apostar al porvenir, transmitir esperanzas y construir redes solidarias parece ser un modo posible para lograr que niñas, niños y adolescentes habiten un tiempo mejor.

En ese sentido, afirmo que hacemos política hasta cuando atendemos un bebé, porque la manera en que ubiquemos sus padecimientos, la forma en que nos dirijamos a él y a los que lo rodean será diferente si lo abordamos como un objeto a ser estudiado o si nos dirigimos a él considerándolo un sujeto que está manifestando del modo en que puede su sufrimiento y al que debemos intentar escuchar, aunque lo diga sin palabras.

Es decir, podemos cambiar destinos de niñas, niños y adolescentes si entendemos que trabajar con ellos en el ámbito que sea supone un posicionamiento científico, pero también político, en el sentido de una representación del otro como humano, como sujeto merecedor de intercambios simbólicos.

Carlos Skliar afirma como necesario

> No olvidar que, en cierta literatura, las pestes, las epidemias y las pandemias crean también escenarios de cofradía y de amor, pequeñas políticas que afloran cuando alrededor todo es bruma, parece desmoronarse y los individuos deambulan sin ton ni son. (Skliar, 2020)

Las pequeñas políticas, esos escenarios de cofradía y de amor, no se verifican solo en la literatura: durante la pandemia se fueron dando en diferentes espacios. Así, se conformaron escenarios de solidaridad, de colaboración, de armado de lazos afectivos e intelectuales, de creación colectiva. Espacios de poesía, de juegos compartidos... Creatividad y lazos sorofraternos, de colaboración, constituyen el modo en que se puede salir del desamparo.

Encontrarnos, sostener vínculos solidarios, ser hospitalarios, armar ámbitos de intercambios creativos y hacer que prevalezca la ternura hace posible un pensamiento no cercenado, nos permite ampliar nuestras ideas, descubrir nuevos mundos y conocer otras miradas.

Tengo la convicción de que nadie se salva solo y es necesario armar redes de sostén para sostenernos y sostener a niñas, niños y adolescentes.

Sabemos que la sorofraternidad está ligada a la constitución de la subjetividad.

Y si podemos transformar el sufrimiento en posibilidades creativas, la desesperación en esperanza y el aislamiento en trabajo grupal solidario habremos cumplido el objetivo.

Bibliografía:

Berardi (*Bifo*), F. (2021). *El tercer inconsciente*. Caja Negra Editora.

Freud, S. (1979). Introducción al narcisismo. En *Obras Completas,* vol. 14, Amorrortu. (Trabajo original publicado en 1914)

Han, B-Ch. (2017). *La sociedad del cansancio*. Herder.

Janin, B. (2004). *Niños desatentos e hiperactivos*. Noveduc.

Janin, B. (2010). *Medicalización y sociedad*. Universidad de San Martin.

Janin, B. (2011). *El sufrimiento psíquico en los niños*. Noveduc.

Janin, B. (2013). *Intervenciones en la clínica psicoanalítica con niños*. Noveduc.

Janin, B. (2016). *De pánicos y furias. La clínica del desborde*. Lugar Editorial.

Janin, B. (2018). *Infancias y adolescencias patologizadas*. Noveduc.

Janin, B (2022). *Niñas, niños y adolescentes en tiempos de desamparo colectivo*. Noveduc.

Jeammet, P. (2002). La violencia en la adolescencia: una respuesta ante la amenaza de la identidad. En *Cuadernos de psiquiatría y psicoterapia del niño y del adolescente* N° 33/34.

Kaës, R.; Faimberg, H.; Enríquez, M. y Baranes J. J. (1996). *Transmisión de la vida psíquica entre las generaciones*. Amorrortu.

McDougall, J. (1996). *Alegato para una cierta anormalidad*. Paidós.

Skliar, C. (2020). *Mientras respiramos. En la incertidumbre*. Noveduc.

Viñar, M. (2013). *Mundos adolescentes y vértigo civilizatorio*. Noveduc.

Winnicott, D. W. (1971). *Los procesos de maduración y el ambiente facilitador*. Hormé.

Winnicott, D. W. (1971). *Realidad y juego*. Gedisa.

Whittaker, R. (2011). *Anatomía de una epidemia*. Capitán Swing.

Capítulo 2

La inclusión de la familia en el dispositivo del acompañamiento terapéutico

Brian Banszczyk

Considero valioso poder dar lugar a pensar y reflexionar en relación a diferentes circunstancias que suceden cuando estamos trabajando, por eso comencé a dar espacio a diferentes preguntas en relación a mi propia práctica, en particular, al lugar que ocupa la familia durante un proceso de acompañamiento terapéutico (AT). Compartiré aquí algunas reflexiones en torno a este tema.

El acompañamiento terapéutico es una práctica particular; los márgenes de su encuadre, al decir de Dozza de Mendonça (2015), son flexibles. Trabajamos con un encuadre abierto y esta diferencia es crucial a la hora situarnos y poder pensar en relación al lugar que ocupa la familia en todo proceso de AT. Esto implica registrar, no solo los discursos, sino, lo que es más importante, las dimensiones no abordadas en los tratamientos tradicionales: cómo transita y vive la persona su cotidianidad, los encuentros con quienes generalmente no están presentes en los espacios terapéuticos individuales y observar lo que los otros pueden estar sintiendo o pensando, entre diversas situaciones posibles.

Creo que casi todos estaremos de acuerdo en que el acompañante terapéutico (at) desarrolla su proceso dentro de la escena diaria del paciente, como parte de la misma, nunca a pesar de ella (como expresa Frank, 2016). Sin embargo, muchas veces vivenciamos y sentimos como inconvenientes ciertas situaciones que ocurren en estos ámbitos y dificultan seriamente la posibilidad de realizar el proceso (o, al menos, la forma en que consideramos correcto llevarlo adelante). Pero, estas situaciones, ¿deberían quedar por fuera del espacio del AT? ¿No será que es por dichos inconvenientes que nos encontramos trabajando ahí? ¿Algo de eso habrá causado marcas en nuestro acompañado? ¿Habrá algo del escenario cotidiano que merece ser registrado?

La familia, parte fundamental con la que en general nos toca trabajar en el acompañamiento terapéutico, en muchas oportunidades ha sufrido un quiebre trascendental, en tanto ha dejado de ser la relación entre las personas (sujetos del parentesco, un elemento central, constructor del vínculo familiar) para pasar a convertirse en una familia en la que todo gira alrededor de uno de sus miembros: el paciente diagnosticado, marcado, indicado; el hijo rebelde, el que no acepta limites, el que habla incoherencias. ¡Sí, es así! Si no, ¿por qué cuando nos referimos a ellas solemos hacerlo como "la familia del depresivo, del autista, la del psicótico"? Es en este sentido que los sujetos con los que trabajamos se han convertido en el centro de esos núcleos, quebrando algo del orden natural de las familias, ya que los vínculos en su interior no se viven como una multiplicidad de relaciones posibles entre sus miembros, sino que todo queda ceñido en torno a un integrante que incomoda, donde se ha colado algo de lo ajeno.

Este quiebre familiar genera incertidumbre, perplejidad y angustia, sensaciones que pueden producir, como afirman Braun y Puget (2001), un estado que va a dificultar y/o imposibilitar el hacer vincular. Nada de esto es una relación de causa-efecto, sino que se trata de un proceso multidireccional: el sujeto es producto y la vez productor de esa situación. Lo que ocurre es entre todos. Berenstein (2006) plantea que vincularse implica la relación de, con y entre otros, uno de los cuales es el propio sujeto. Entonces, configura un conjunto de operaciones calladas e invisibles en una situación que, al incluir al otro, permite producción de novedad.

En estas familias en las que algo se ha quebrado, el acompañante terapéutico, con su simple presencia, aporta la posibilidad de que pueda instalarse algo de eso novedoso, imprevisto y azaroso. Siempre teniendo en cuenta que la presencia del at remite a otro que puede marcar lo diferente, lo que no se repite, lo que cambia, lo que abre nuevas posibilidades de significación.

Así, el campo de intervención en el acompañamiento terapéutico presenta una diferencia que podríamos conceptualizar como pensamiento e intervención en la escena cotidiana, dirigido a ese lugar donde se aventuran los efectos de presencia y la dramática de los afectos. La posibilidad de despliegue en escenas desplaza al discurso del centro de atención.

Entonces, ¿qué sucede cuándo el dispositivo de AT, lejos de producir la anulación de las expresiones corporales, las pone en el centro de tensión y atención? Nos confronta a una variación en la modalidad de pensamiento y, por lo tanto, de intervención; introduce la escena, que requiere la escucha, no solo del discurso, sino también enfocarse en la modalidad de los intercambios corporales, tonos de voz, movimientos, gestos y miradas.

Así, el AT, pensado como un dispositivo, posibilita la construcción de un abordaje terapéutico ampliado, donde no solo se trabaja con el sujeto designado como paciente sino también con contexto del que forma parte. El acompañante terapéutico trabaja en y con lo cotidiano, lo que le da lugar a realizar intervenciones en la escena familiar. Esto tiene consecuencias que no podemos evadir y que es preciso leer para poder intervenir e incorporarlas al proceso de acompañamiento terapéutico.

Considero que en el AT se prioriza una clínica construida en y por el vínculo y cómo la pertenencia al mismo inaugura marcas que no existían previamente, instalando nuevos orígenes. El acompañante terapéutico, a partir de un objetivo construido junto a un equipo, se vuelve parte de la vida cotidiana para trabajar con ese mundo que es mucho más que un espacio: es condición de subjetivación. Trabajar con lo cotidiano puede generar modificaciones en la subjetividad, en el sujeto, pero también en la dinámica familiar, siempre y cuando podamos leer los efectos de nuestra presencia.

Por ende, como se puede ver, las dinámicas familiares ocupan un lugar importante en la labor del acompañante terapéutico, más si tomamos como punto de partida que los sujetos nos constituimos en un entramado vincular y nunca como sujetos aislados o fragmentados. Esta idea parte de la óptica del sujeto en relación a las figuras que participan y participaron en su constitución subjetiva, considerando al sujeto y a esos otros como parte del campo a abordar.

En este sentido, Frank (2015) plantea que en el acompañamiento terapéutico no solo se aborda al paciente en su singularidad, aislado de vínculos, sino a todo lo que participa de la escena, es decir, a todos aquellos personajes y actividades que constituyen y forman parte de la vida diaria del sujeto.

Por ejemplo, durante un encuentro una adolescente tuvo una crisis y comenzó a pegar a todos los presentes, a golpearse y a gritar. En este contexto se hizo evidente la necesidad de contenerla y acompañarla para que pudiera volver a la calma. Pasado un tiempo de esta primera escena, su padre me comentó: "Cuando hablabas con ella noté que le mostraste que sus enojos tenían que ver con algo que no podía transmitir, que no podía hablar, y que además nosotros la retábamos, que tomábamos lo que sucedía solo como un berrinche, sin ayudarla a poner palabras y a abrir un espacio para que lograra tranquilizarse".

Es en este sentido que el acompañante terapéutico se convierte en testigo de ciertos hechos; al mismo tiempo que incide en los avatares del proceso, permite que estos no permanezcan tan solo como unos datos más, y habilita que puedan hilvanarse, significar y construir. A partir de la posibilidad de estar en lo cotidiano junto al sujeto y su familia, en ciertos momentos pueden visibilizarse dificultades que generan malestar vincular. Frente a estas situaciones, los acompañantes pueden intervenir para posibilitar que allí surja algo nuevo, sin sancionar a la familia ni ignorar lo sucedido, sino abriendo otros modos de habitar esos vínculos.

Para estas perspectivas, el acompañante terapéutico aparece como un sujeto condicionado, pero también capaz de ejercer una posición activa, para la cual es necesario reconocer los efectos que tiene la implicación en el transcurso del acompañamiento. El dispositivo incluye inevitablemente esta red de sujetos, escenarios y situaciones, lo que habilita otra terapéutica posible y, por ende, mayores posibilidades de efectividad. Trabajar con la familia y no en contra de ella redunda en la obtención de mayor eficacia en la estrategia propuesta.

Matus y Rojas (2003) afirman que, para poner a trabajar estas ideas, la implicación del acompañante terapéutico debe visualizarse como una producción vincular, situacional, que favorece el trabajo y la resignificación, la posibilidad de coconstruir significaciones inéditas. Así, su rol no debe estereotiparse sino ir construyéndose en situación, con la posibilidad de diseñar una estrategia singular que podrá sostenerse a partir de su trabajo con el equipo terapéutico, la supervisión y la terapia personal.

Empleamos la noción de implicación en el mismo sentido en que la entiende Lourau (1991), es decir, como condiciones que afectan por igual a acompañante y paciente; como una cuestión referida al grado de involucración que puede alcanzar el acompañante en el vínculo terapéutico como efecto de su presencia y que lo compromete en su intervención.

Como acompañantes, un aspecto que considero de suma importancia es conocer nuestras propias modalidades vinculares, qué consideramos que es ser hijo, madre, padre, hermano, etc., ya que es desde estas concepciones que nos vincularemos y haremos las lecturas situacionales. Esto adquiere mayor valor aún si comprendemos que estas modalidades conocidas nos harán crear alianzas con algunos sujetos y nos causarán rechazo por otros, generando que nuestras intervenciones se vean marcadas por estas experiencias vinculares.

Es entonces cuando cobran importancia los espacios de terapia personal y supervisión, para poder ir trabajando todo aquello que ocurre en las escenas, con el fin de no actuar en base a nuestras modalidades. Resulta esencial un ingreso paulatino a este mundo para poder realizar lecturas no prejuiciosas, discriminando lo propio de lo ajeno.

El acompañante terapéutico tiene la oportunidad y acepta el desafío de entrar en esa trama vincular, lo que hace que por momentos experimente lo que vivencian las diferentes partes de los entramados vinculares en los que participa. Por eso debe ser consciente de los sentimientos contratransferenciales que en ciertas circunstancias pueden surgir hacia la familia, sin ponerse a la defensiva, sino haciendo uso de ellos para comprender mejor el funcionamiento del paciente y su entorno. Compartimos la visión de Dozza de Mendonça (2015) en cuanto a la "paradoja de la actuación contratransferencial": el acompañante terapéutico debe poder adaptarse a la organización defensiva del paciente y su familia; si esto no se tiene en cuenta, cabe la posibilidad de que se produzcan sentimientos capaces de conducir al fracaso terapéutico. Su función no consiste en tratar directamente con la familia, pero esto también se vuelve dificultoso, debido a que los conflictos suelen reflejar la situación familiar del paciente, por lo cual el acompañante debe intervenir de modo terapéutico, pero sin convertirse en un terapeuta familiar. A partir de su presencia y de la posibilidad de alojar con la escucha se podrán construir otras escenas frente a cuestiones vinculares cristalizadas como rivalidades y distintos afectos que muchas veces desembocan en crisis de gran intensidad. Algunas de ellas son pasibles de abordarse en el contexto y, en otros casos, se plantea la necesidad de utilizar dispositivos de internación para recobrar la calma.

Entonces, para los acompañantes terapéuticos es indispensable situar al sujeto en y con la familia, posibilitando otro camino de encuentro con su problemática, que en el contexto familiar aparece condicionada por los otros y, a su vez, recíprocamente, es condicionante de ciertas modalidades de ellos. La familia constituye, pero no es la única condición necesaria para que pueda producirse una patología.

El acompañante deberá tener una relación flexible y no defensiva con la familia del paciente; es importante entender y aceptar los recursos y los límites de uno y otro para no caer en la tendencia de culpar a la familia de la enfermedad. Cuando el acompañante terapéutico lo hace, puede crear un campo favorable para la mejoría del paciente. Tenemos que ser conscientes, como plantea Dozza de Mendonça (2015), de que tratamos con resistencias y defensas, sin ponernos en contra de los familiares, lo que sería desfavorable para el tratamiento.

Es preciso comprender que la construcción del vínculo terapéutico parte de la base de una confianza mínima, por lo que resulta necesario generar un clima de respeto que nos permita intervenir frente a lo íntimo que se muestra. Y lograr que esa familia y ese sujeto confíen en que lo que tenemos para ofrecer ante las dificultades que atraviesan puede producir transformaciones, sin que se los juzgue ni se los alecciones acerca de cómo debe de ser el modo de relacionarse.

Cuando el dispositivo está atento a los pequeños gestos, los toma, los recrea y los transforma; cuando se adopta la idea de porvenir y apuesta a lo impredecible, cuando nos encontramos dispuestos a sorprendernos ante lo novedoso, lo cual no sólo posibilita transformaciones en el otro sino también en nosotros mismos. A partir de esto, se trata de convertirse en la oportunidad de una intervención subjetivante.

Finalmente, considero que la clínica del acompañante terapéutico se verifica en el caso por caso, ya que es allí donde se desplegarán los elementos a considerar de cada situación, intentado acotar los prejuicios para dar lugar a los aspectos que permitan pensar al sujeto y sus vínculos. Es un dispositivo a medida, que no se elabora a priori ni implica procedimientos sistematizados y predeterminados, sino que se constituye en situación convocando a la singularidad del escenario planteado. El desafío consiste en armar un nuevo contexto de significación que no esté únicamente centrado en el sujeto y su patología, sino donde puedan construirse nuevas significaciones.

Bibliografía

Berenstein, I. (2006). *Pensando lo vincular. Vincularse, no vincularse, desvincularse*. Conferencia en AAPPG (Asociación Argentina de Psicología y Psicoterapia de Grupo), Área científica.

Braun, J. y Puget, J. (2001). *Perplejidad: un efecto del traumatismo social*, Conferencia IPAC, Niza.

Dozza de Mendonça, L. (2015). *Acompañamiento terapéutico y clínica de lo cotidiano*. Letra Viva.

Frank, M. L. (2016). *Acompañamiento terapéutico: clínica en las fronteras*. Brujas.

Lourau, R. (1991). *El análisis institucional*. Amorrortu.

Matus, S. y Rojas, M. C. (2003). *La función del analista en la clínica de las redes*. Actas de las Jornadas AAPPG (Asociación Argentina de Psicología y Psicoterapia de Grupo).

Capítulo 3

¿QUÉ LUGAR HAY PARA EL EQUIPO EN ACOMPAÑAMIENTO TERAPÉUTICO?

Maximiliano Peverelli

La manera en que se implementa el acompañamiento terapéutico parte necesariamente de la idea general que se tiene acerca del recurso. Dicho de otra manera: el modo de implementar un recurso terapéutico funciona como una definición en acto del dispositivo en cuestión. Es decir, si afirmo que el acompañamiento terapéutico es una función que se ejerce con otros, en equipo, esa misma definición aloja un modo de pensar y conceptualizar el equipo. La implementación del dispositivo deberá contener y ser coherente con esa conceptualización. De otro modo, el concepto se vuelve abstracto y pierde validez, en tanto no se puede sostener con el cuerpo el diseño de la propia práctica.

El crecimiento del campo del acompañamiento terapéutico experimentado en los últimos años vino de la mano de una proliferación del recurso implementado en los términos de un acompañante terapéutico que podemos definir como "autónomo". El ejercicio de su práctica surge junto a la idea de un ingreso natural a lo que se denomina "equipo interdisciplinario". Supone un profesional con capacidad para instalarse en la cotidianidad de un paciente e incluirse en equipos interdisciplinarios, junto a otros profesionales que también atienden al mismo paciente.

Al respecto, podemos decir que esta idea de equipo suele ser bastante confusa. ¿A qué se alude al decir "equipo interdisciplinario"? Confluyen en esa definición dos conceptos que no siempre están claramente definidos. Un equipo es algo más que un conjunto de personas; implica la conformación de un grupo convocado para una misma tarea, identificados unos con otros como parte de la misma estructura. Por otro lado, ya se ha definido –y funciona al día de hoy como una convención– que el acompañamiento terapéutico entra en función sostenido en un principio básico de articulación con quien lo indica. La práctica nos muestra que esta articulación básica no necesariamente implica la conformación de un equipo, y menos aún garantiza una práctica interdisciplinaria. Sin embargo, observamos que la definición del acompañante autónomo y su práctica enmarcada en "equipos interdisciplinarios" configura una inclusión idealizada e incluso forzada al trabajo interdisciplinario. El equipo interdisciplinario, como se lo nombra, se ha convertido en un mandato altamente frustrante para el acompañante autónomo, en tanto queda silenciado que dicha dinámica interdisciplinaria funciona solo a condición de que los actores que encarnan cada una de las disciplinas intervinientes se dispongan a conversar en un marco de horizontalidad o, al menos, de valorización de la palabra del otro. Que muchas disciplinas intervengan en un mismo caso no da por resultado una práctica interdisciplinaria. Lamentablemente, el mundo no funciona respetando esos ideales y el encuentro con el otro suele resultar uno en el que los discursos pujan por ocupar un lugar de poder. Es real que la interdisciplina puede ser un modo de ejercicio de esta práctica clínica, pero no es una organización natural en el encuentro con los otros discursos. Requiere predisposición de las partes y tiempo para la construcción de lazos entre los agentes que encarnan cada una de las disciplinas, a partir de lo cual puede llegar a darse una dinámica interdisciplinaria, en el mejor de los casos. Es así como escuchamos de manera reiterada la mención a la soledad en la que trabajan los acompañantes, tomados por la indiferencia de quien originalmente ha indicado el acompañamiento, intentando hacer de su enunciado una palabra válida y significativa, reconocida por el otro. En este sentido, ese "hacer equipo" con el tratante no siempre tiene la intensidad ni la solidez de un encuentro real.

Por otro lado, vemos que la historia de la práctica del acompañamiento se encuentra también asociada a referentes cuya práctica se llevó a cabo en el marco de "equipos específicos de acompañamiento terapéutico". Esta suele ser una dinámica no muy extendida conceptualmente, cuya organización en ocasiones ha llevado a generar cierta suspicacia, entendiendo los roles al interior del equipo como instancias jerárquicas. Sin embargo, nada funciona de ese modo. Por el contrario, con ese modelo de implementación se funda la posibilidad de organizar entre varios una práctica que en soledad suele ser inviable. La condición para su organización se basa en la horizontalidad de la palabra y en la configuración de roles que habilitan el funcionamiento del dispositivo de acompañamiento terapéutico, independientemente de la construcción o no de la instancia interdisciplinaria. Aclaramos de todos modos que el principio de articulación básica, incluso en este modelo de implementación, es absolutamente indispensable, pero esa articulación no siempre conlleva una práctica interdisciplinaria.

Destacamos que ambas perspectivas asumen como marco fundamental para la implementación del recurso AT la figura de equipo. Uno hace equipo con el resto de las disciplinas intervinientes y el otro se configura como equipo para la organización del dispositivo. Es evidente que no se trata del mismo concepto de equipo en ambas modalidades.

En la historia del acompañamiento terapéutico, el concepto de equipo ha tenido una vida subyacente. Tiene visibilidad en el campo discursivo, condiciona la práctica junto con otros conceptos, pero sin embargo es tomado en su generalidad; no es indagado; más bien, se mantiene naturalizada su importancia, su existencia, como si fuese algo tan claro que no hace falta definirlo.

Podemos decir, sin temor a equivocarnos, que el concepto de equipo define la práctica del acompañamiento en su totalidad, divide aguas, pese a lo cual es absorbido discursivamente sin mayores pretensiones. A partir de él se define el modo en que se organiza la práctica en acompañamiento terapéutico y, sin embargo, se da por sobreentendido a qué nos referimos cuando hablamos de equipo. ¿Hay variaciones en los modos de implementación? ¿Cómo ha sido a lo largo de la historia? ¿Qué lugar ocupa y ocupó este concepto en la práctica del acompañamiento terapéutico? Seguramente encontraremos respuestas en algunos de los textos que se han escrito sobre AT. En general, ellos reflejan el movimiento que la práctica de una disciplina va instituyendo. En última instancia, las publicaciones son pronunciamientos que irán generando mayor o menor adhesión, mayor o menor confrontación, a partir de lo cual se va construyendo el campo simbólico que constituye el discurso que hace a esa práctica en cuestión.

Algunas referencias históricas

El primer texto escrito y publicado sobre acompañamiento terapéutico data de 1985; las autoras de *Acompañantes terapéuticos y pacientes psicóticos* son Susana Kuras de Mauer y Silvia Resnisky. El concepto de equipo recorre transversalmente cada capítulo de este libro, que ubica al AT como un recurso que se desarrolla en el seno de un abordaje múltiple, junto a otras disciplinas, y se transmite la idea de un "equipo terapéutico que desempeña diferentes roles y funciones en distintas áreas". Es una obra original, primordial, de reflexiones que operan demarcando y delimitando un campo de acción. Por primera vez se define en una publicación el acompañamiento terapéutico, y a las autoras se les adjudica la responsabilidad de haberlo nombrado, de haber recortado aspectos que hacen a su quehacer, a la definición original de su rol. El posicionamiento político atraviesa el libro desde el mismo prólogo. Es un texto que se destaca justamente por el modo en que presenta la figura del AT, como respuesta a una necesidad construida a partir de interrogantes ideológicos. Para contextualizar la lectura de este trabajo, es necesario considerar las reformas propulsadas a nivel mundial como consecuencia de la aparición del movimiento antipsiquiátrico. Tras la derrota del nazismo y la visibilización de los campos de concentración, el campo de la salud comienza una revisión hacia dentro de sus propias disciplinas, y genera una profunda crítica a los hospitales monovalentes o neuropsiquiátricos, por ser lugares de encierro y de despersonalización humana. Allí donde la psiquiatría y el saber médico empiezan a perder hegemonía, queda en evidencia la insuficiencia del modelo de asistencia asilar manicomial, y comienzan a emerger propuestas de nuevos dispositivos destinados al abordaje del padecimiento subjetivo. De esta manera, nace un movimiento de reforma psiquiátrica que cuestiona los efectos negativos y cronificantes del modelo asilar manicomial y propone pensar nuevos modos de abordaje preventivos, abiertos, comunitarios, inclusivos, que reconozcan en el paciente a un sujeto de derechos.

Con este andamiaje ideológico y de contexto, según esta primera inscripción en el libro mencionado, el AT configura una práctica que se da en el marco de un equipo en el que intervienen diversas disciplinas. Las autoras lo definen como "abordaje múltiple" y señalan:

> Las funciones y responsabilidades de los miembros de un equipo son interdependientes, pero no simétricas (...) Los roles, así como las áreas de trabajo, deben estar claramente diferenciados (...) El equipo está integrado básicamente por un terapeuta, que se hace cargo del abordaje familiar; un administrador psiquiátrico, que coordina la tarea médica si ello es necesario; un terapeuta individual; un terapeuta familiar y uno o más acompañantes terapéuticos de acuerdo a los requerimientos del caso. (Kuras y Resnizky, 1985)

En la perspectiva que transmiten las autoras, l acompañante terapéutico es parte constitutiva del equipo en cuestión. Destacamos que se trata de un equipo enmarcado en una institución, que está previamente organizado para responder a las demandas de tratamiento y que hará uso de los diferentes recursos terapéuticos que tiene a su disposición (uno de ellos es el AT), para cada caso que deba abordar. En esta experiencia, se trata de la implementación de recursos que no valen en función de su hegemonía en el campo del conocimiento, sino en función de lo que cada uno puede aportar a una situación determinada. En tal sentido, el equipo al que se hace referencia es uno organizado más allá del caso puntual, definido con una misma inserción institucional, con un mismo atravesamiento ideológico y cultural, desde donde se propone asumir responsabilidad en los tratamientos de manera compartida.

En ese momento sociohistórico, la novedad surge en el punto donde aparece la función de acompañante terapéutico como un recurso más en el intento de ofertar una intervención ampliada sobre los diversos aspectos de la vida del paciente, incluyendo la cotidianidad. Es allí donde el abordaje múltiple toma sentido, comprendiendo que en la articulación de recursos y miradas se ofrece un abordaje ampliado, que puede incluir incluso el día a día, la intimidad y los lazos propios de los pacientes. En esta perspectiva, todo padecimiento subjetivo está determinado (e incluso definido) por ciertos condicionamientos sociales. Kuras y Resnizky entienden que, si hay determinantes sociales que profundizan el padecimiento, resulta crucial ampliar el acceso del recurso terapéutico de modo de tener llegada a la mayor cantidad de circunstancias relacionales por la que atraviesa el paciente. De este modo se justifica el acceso terapéutico a la cotidianidad de los asistidos.

Hacia el final del texto *Acompañamiento terapéutico y pacientes psicóticos*, en el capítulo en el que abordan el contrato de trabajo, las autoras dan cuenta de otro tipo de conformación de equipo: se trata de uno que podemos llamar "circunstancial", que se da a partir de una demanda puntual y se organiza para la ocasión. El acompañante puede ser convocado por un terapeuta o por la familia misma (aclarando que debe articular con el terapeuta que guía el tratamiento). Dicha situación se enuncia, pero no se abre a su análisis, dejando por defecto la idea de que el manejo interno entre acompañante y terapeuta será semejante al enunciado en capítulos anteriores, desconociendo ese contexto institucional, cultural e ideológico que comparten los profesionales en la caracterización que realizan del abordaje múltiple, y que no necesariamente se repite en el segundo ejemplo.

Deberá transcurrir casi una década de expansión del campo del AT para que se articule una respuesta a esa publicación original. En ese lapso, se escriben y presentan numerosos trabajos acerca de AT. Sin embargo, a lo largo de las primeras décadas desde su nacimiento, hay cierta evolución del campo discursivo del acompañamiento terapéutico en la pluma de algunos pocos referentes. Son escasos los autores que se han constituido en pilares, que mantienen ese lugar en la historia de la práctica y que en algunos casos aún delinean con sus publicaciones los modos de pensar y hacer AT en Argentina y en el mundo.

En 1994 se publica un segundo libro de referencia en este tema: *Acompañamiento terapéutico, aproximaciones a su conceptualización,* de Gabriel Pulice y Gustavo Rossi. Se trata de una publicación reconocida por haber constituido un pilar en la difusión del AT en casi toda Latinoamérica. El concepto central del libro, que atraviesa el texto en tu totalidad y constituye a la vez su gran aporte, es el recorte conceptual de la función del acompañamiento terapéutico. Para esa época, resultaba fundamental definir la función del acompañamiento en razón del mal uso que se venía realizando del mismo. Pues ese agente de salud que se instala en la cotidianidad, en algunos casos, se prestó desorientado al servicio del discurso médico e, indirectamente, se alió con el control social.

Acerca de este punto, Rossi y Pulice señalan que la función no puede ser definida a priori, como si fuese una definición generalizada. La función en AT debe ser definida en relación a una práctica, a un encuadre, a la dirección del tratamiento, etcétera. Dicen: "La función en acompañamiento terapéutico solo puede definirse en relación a la estrategia de un tratamiento, y se irá precisando, delineando, en relación a este y a las particularidades de cada cas*o*" (Rossi y Pulice, 1994). Y "Lo que interesa en primer término, para poder ubicar la función de at en un tratamiento, es pensar desde qué lugar se realiza ese tratamiento, en qué contexto, y desde dónde se demanda su intervención" (Rossi, Pulice y Manson, 1995).

Desde un primer momento se menciona un AT ligado a la indicación de un profesional tratante, dando continuidad de este modo a la idea de una articulación necesaria, imprescindible para la implementación correcta del mismo. "La función del acompañamiento terapéutico va a depender del momento y la necesidad clínica por la cual se indica, estando el acompañante terapéutico en este sentido en una estrecha relación con el terapeuta y con las consignas establecidas" (Rossi y Pulice, 1994). Se delimita así la figura de un at que hará "equipo" con el profesional que indica la prestación.

El texto delimita el modo de posicionarse en el encuentro con el paciente. Resalta el lugar de intimidad en el que opera la función y la importancia de ubicarse clínicamente en esa instancia. Además, hace foco en el modo de llevar adelante el encuentro con el paciente.

Sin embargo, al final del Capítulo 3, donde se abordan las modalidades de AT, introducen una nueva dimensión de equipo: "(...) acompañamientos en los que no hay un encuadre institucional indicado por un terapeuta, que trabaja con un equipo de acompañantes terapéuticos o con algún acompañante terapéutico en forma individual" (Rossi y Pulice, 1994). En esa sencilla frase, se presentan las dos modalidades de equipo que luego irán tomando forma a lo largo de los años. Por un lado, la idea de equipo organizado a partir del encuentro entre el acompañante y el terapeuta, quienes irán delimitando la intervención. A este modelo lo denominan "acompañante terapéutico en forma individual" (nosotros lo llamamos "acompañante terapéutico autónomo"); se trata de un acompañante que trabaja solo y se ocupa de organizar su propia práctica, articulando por sus medios con el profesional tratante, con el paciente y con la familia. En esta versión, se asume el ejercicio del AT al modo de un profesional liberal. Carga con la responsabilidad total de la intervención de manera autónoma, aplica su saber en las escenas en las que participa y quedan a su criterio los momentos en los que requiere supervisar, intentando "hacer equipo" con el resto de las disciplinas que intervienen, constituyendo lo que rápidamente (y, a nuestro gusto, de modo erróneo) se ha definido como "equipo interdisciplinario".

Por otro lado, se introduce una modalidad que los autores denominan "equipo de acompañantes terapéuticos". Se trata de un agrupamiento de acompañantes terapéuticos que llevan adelante su práctica de manera colectiva, entre los que se conforma un equipo cerrado que irá construyendo su propia identidad organizacional para funcionar en el abordaje de los casos que asisten. Ellos asumen una dinámica organizada de funcionamiento, desde donde articulan como equipo específico con un profesional tratante con quien, en el mejor de los casos, se logrará hacer equipo.

Para esa misma época, Pulice, Rossi y Manson organizan un equipo de AT de estas mismas características, en el participé durante algunos años como acompañante. Esa experiencia transitaba por la implementación a través de esta modalidad de acompañamiento terapéutico, y Manson operaba básicamente como coordinador.

En lo personal, me ha tocado trabajar de manera autónoma como acompañante y, luego de esa experiencia y otras en otros equipos específicos de acompañamiento, entiendo que esta modalidad de implementación, en el marco de una clínica entre varios, potencia con mayor intensidad todas las bondades que puede ofertar el dispositivo de AT.

En el mismo Capítulo 3 de ese libro, fiel a la experiencia que acabamos de mencionar, surge por primera vez en una publicación la mención al coordinador como una figura necesaria, asociada a la conformación de un equipo específico de acompañantes terapéuticos. En primera instancia, se plantea la presencia del coordinador en tratamientos con horarios prolongados, donde se exige la presencia de varios acompañantes. Se toma como ejemplo un esquema de veinticuatro horas diarias. Sin embargo, no es necesario contar con esa carga horaria extrema para aplicar el mismo criterio. Un AT con una carga horaria menor (de cuatro horas diarias, por ejemplo, o de tres veces por semana y dos horas por encuentro) también se organizaban con ese mismo esquema de un coordinador y más de un acompañante, rotando por los diferentes días y horarios. El coordinador asumía principalmente funciones de organización dentro del acompañamiento. Si bien en el texto lo mencionan como una figura diferente a la del supervisor, no focalizan con una referencia directa sobre la función que este debiera cumplir. Respecto de la misma, los autores plantean:

> Consideramos necesario que haya un coordinador que vaya supervisando el desarrollo del trabajo, que esté en relación directa con el terapeuta y se incluye a partir de su estrategia y además, el coordinador es quien tiene a su cargo el hecho de ordenar horarios o planificar actividades, y en ocasiones el trata con la familia del paciente, por este tema y por los honorarios. (Rossi y Pulice, 1994)

Así, se enuncian por primera vez dos modalidades básicas de implementación del AT: por un lado, el acompañante autónomo, que hace equipo con el profesional que indica el recurso y, por el otro, el equipo específico de AT, organizado entre varios acompañantes y un coordinador, que mantendrá el dispositivo articulado al tratamiento.

En la interpretación que los autores hacen en este texto sobre el acompañamiento terapéutico, entienden este surge como resultado de una apertura de la psiquiatría en aquellas situaciones donde el recurso de los dispositivos institucionales existentes resulta insuficiente para la contención de un paciente. Sabemos que los autores están al tanto del sentido histórico del AT. Sin embargo, en su producción se abona a la idea de un acompañamiento que se ubica como complementario, justamente en esos lugares adonde la psiquiatría no accede (por ejemplo, la cotidianidad). Entendemos que, si bien es correcta la lógica, el planteo peca de ahistórico en tanto lo ubica como un déficit del campo disciplinario (de los dispositivos tradicionales) y no como el resultado de una apertura hacia lo social en la mirada clínica.

Esta pequeña dislocación, este mínimo corrimiento en el argumento es sensible a la hora de definir el sentido de la práctica. Pues no es lo mismo ubicarse como complemento de un déficit, como una función que viene a completar a otra en el sentido de su capacidad de acceso, que la idea de una función que permita un abordaje ampliado, en un mundo en el que el entramado social y sus representaciones son determinantes para el padecimiento subjetivo. En la primera acepción, la responsabilidad profesional es con el caso, con las indicaciones, con el paciente y su padecimiento. En la segunda, además de la responsabilidad con el acompañado, el compromiso es con los determinantes sociales que promueven la expulsión de la locura. El compromiso es con uno, o al menos, nada de eso puede sernos ajeno.

Los textos son el resultado de un campo de tensiones conceptuales, absolutamente permeable a la realidad sociopolítica que nos toca vivir. Creemos que, con el correr del tiempo, tuvo lugar una supresión del sentido político que cargaba originalmente el AT, del mismo modo que sucedió en otras disciplinas del campo de la salud mental. Es llamativo que en el prólogo del primer libro de acompañamiento (*Acompañamiento terapéutico y pacientes psicóticos*), Kovadloff resalta la importancia de la publicación justamente porque se ha tratado de un reservorio privilegiado. En épocas donde la grupalidad estaba prohibida, donde el trabajo en actividades con sentido comunitario hacía sonar las alarmas de la dictadura militar, las autoras lograron sostener una práctica que interpreta la locura como el producto de una sociedad opresora. A su vez, el primer capítulo es un posicionamiento político de la práctica que se lleva a cabo. No existe práctica profesional que no se acompañe de un posicionamiento político. Pero anoticiarse y responsabilizarse de ello es la base de una práctica implicada.

En las producciones que siguieron a ese libro original encontramos cierto silenciamiento de esa articulación entre el sentido de la tarea, la clínica y la ideología que la sostiene. Creemos que la dictadura hizo lo suyo. Por más intentos que se hayan hecho, la condición de subsistencia para el AT en ese marco de prohibición posiblemente haya sido el vaciamiento del sentido político y el reforzamiento de las figuras técnicas. Aunque en el libro de Susana Kuras de Mahuer y Silvia Resnisky se evidencia el intento de marcar con claridad su posiciónen un esfuerzo de conceptualización con sentido político, los textos posteriores no adoptan esa tendencia y se orientan a la discusión y el aporte técnico.

De más está aclarar que toda práctica clínica se compone de aspectos técnicos, pero que de ningún modo estos deberían quedar aislados del sentido social que portan. Cuando eso sucede, corremos el riesgo de ser tomados por otro discurso, que incluso utilice las mismas técnicas y herramientas, pero en un sentido diferente. Un acompañante también puede ser un punto de institucionalización para un paciente, pues las instituciones no se definen por su condición edilicia, sino por los modos de relación que allí se organizan.

En noviembre de 1994 se realiza el Primer Congreso Nacional de Acompañamiento Terapéutico, bajo el lema "Hacia una articulación de la clínica y la teoría". Las producciones publicadas en el libro que surge como compilación del encuentro (1995)[1] dan cuenta del estado de situación del campo del AT en ese momento. Entre las presentaciones del Congreso, se destaca una presentación que nos parece que condensa de manera fundante el acompañamiento terapéutico ejercido en el marco de un equipo específico de at. Se trata del trabajo presentado por Guillermo Altomano y Silvia Azpillaga. Ambos han sido referentes históricos silenciosos dentro del campo del AT, con publicación de artículos varios y en la formación de at, durante años, en su institución A-Compañar.

Coinciden en términos generales con la concepción que ya se había fijado sobre la función del AT. Al respecto, afirman:

> Tomar una posición adecuada en torno al ejercicio de la función dependerá de poder descifrar esos interrogantes en sus dos registros, manifiesto y latente. A partir de allí podemos saber cómo responder y a qué; cuestión básica a elucidar al inicio y durante la tarea. (Altomano y Azpillaga, 1995)

En referencia a lo que nos ocupa en esta ocasión, incluyen dos apartados fundamentales dedicados, uno al "Trabajo en equipo" y otro a "La coordinación y supervisión". En el marco del primero de ellos, definen al equipo "desde la concepción del psicoanálisis de familia como una estructura en la que el paciente pueda hallar otra oferta identificatoria; o sea, otra interpretación de la realidad distinta de la que tiene pero que la contiene". (Altomano y Azpillaga, 1995). Abordan una versión de equipo ligada a los efectos de un "entre varios", donde conviven las relaciones individuales y la circulación por el entramado que el mismo equipo propone. En el segundo apartado, referido a la coordinación y la supervisión, los autores plantean que se trata de:

> (...) dos funciones ejercidas por un mismo profesional. La coordinación implica: 1. El planteo de objetivos junto con el terapeuta y el diseño de la estrategia junto con los acompañantes. 2. La comunicación permanente con todos los miembros del equipo (terapeuta, terapeuta familiar, médico, administrador, etcétera). 3. El contacto con la familia y el paciente en lo concerniente a cuestiones administrativas. 4. La recepción de cuestionamientos dirigidos al acompañamiento en su conjunto o a un acompañante en particular. 5. Sostener la legalidad del tratamiento desde el lugar amortiguador de los embates. (Altomano y Azpillaga, 1995)

Este texto constituye la primera publicación en la que se ordenan ciertas asignaciones otorgadas a la figura del coordinador. En esta perspectiva, esa misma persona, el coordinador, llevará adelante la supervisión, definida como "una función que se ejerce sobre la tarea del equipo de acompañantes". Los autores consideran que la figura del coordinador es necesaria en el dispositivo "para trabajar con una multitud de acompañantes (...) las transferencias desplegadas con cada uno de ellos se integran en la tarea de supervisión, dando lugar a un nuevo orden de significación" (Altomano y Azpillaga, 1995).

Respecto de la organización con este modelo de trabajo en el campo del AT, señalan: "El equipo de profesionales es un grupo que interactúa y forma red" interdependiente, al modo de un hilo que se sostiene solo en la relación con los otros hilos de la misma red. "El equipo de acompañantes es un subgrupo que tiene la particularidad de que la misma función está sostenida y representada por varias personas, a diferencia de otras funciones" que se sostienen en una sola.

> El supervisor, desde esa terceridad que da el afuera-adentro, retomará permanentemente la cuestión de la demanda, del terapeuta, del paciente y de la familia, a la luz de las resignificaciones que se vayan operando durante el transcurso del tratamiento. Esa demanda atraviesa constantemente la tarea de los acompañantes, y también promueve la creatividad individual y grupal en la labor resignificante. (Altomano y Azpillaga, 1995)

Como podemos ver, el trabajo en equipo específico de acompañantes terapéuticos es una realidad operativa en la práctica del AT que ya se enuncia en 1994, en el texto de Pulice y Rossi, pero que evidentemente se encontraba en un proceso de mayor adhesión y que se refleja en la publicación de 1995.

En 2003 se publica *Acompañantes terapéuticos, actualización teórico-clínica*, de Kuras de Mahuer y Resnisky. Con un crecimiento marcado del campo del AT, pero, sobre todo, con un desarrollo profesional de las autoras como psicoanalistas, deciden retomar su primera producción y hacer un trabajo de actualización a la luz de lo que consideran una nueva subjetividad de época y, evidentemente, con los criterios y paradigmas a los que en ese momento adhieren, diferente de los que sustentaban la producción del año 1985.

En esta segunda publicación sobre el tema, retoman la producción original y reformulan el campo en el que se instrumenta el dispositivo. Consignan: “Cada época tiene una discursividad propia. No se enferma siempre del mismo modo. Hoy nos toca actuar en un mundo brumoso, donde los perfiles han perdido especificidad” (Kuras y Resnizky, 2003). Si bien se apoyan en los avances reconocidos sobre la delimitación del rol, en lo atinente a la implementación del dispositivo no hay grandes cambios con respecto a su primera publicación. Sin embargo, observamos que en esa obra inicial el AT resultaba un recurso más, que ampliaba el espectro de recursos para el abordaje de situaciones. En ese momento los recursos asumían su valor a partir de las necesidades del caso y no por su peso específico como disciplina. Casi veinte años después, en esta revisión del texto original, encontramos que le recortan cierta entidad al acompañamiento terapéutico, ubicando que se trata de un agente que extiende el alcance de los recursos terapéuticos tradicionales, y por esa razón, deja de ser un recurso en sí mismo. Lo enuncian de la siguiente manera:

> El acompañamiento terapéutico constituye una perspectiva complementaria al aporte de la psicoterapia, al seguimiento psiquiátrico, a la administración de medicación, integrándose no como un recurso más, sino como un agente que potencia los alcances de la dimensión terapéutica. (Kuras y Resnizky, 2003)

Las autoras sostienen que el trabajo de acompañamiento terapéutico "no puede cumplirse en forma aislada. Siempre está inscripto en el seno de un equipo" (Kuras y Resnizky, 2003), que sigue siendo el responsable del abordaje múltiple mencionado en la primera publicación de ellas. Un equipo consolidado, organizado al interior de la institución, que pone a disposición cada uno de los recursos según corresponda en función del caso puntual, aunque ya vimos que el acompañamiento está de algún modo reubicado dentro del equipo. Ya no es solo un recurso más...

En el relato, surge como tercera figura el supervisor. No se trata solamente del acompañante y su articulación con el profesional tratante, sino que ahora se suma una tercera figura, necesaria para conformar el acompañamiento terapéutico como dispositivo de abordaje. Las autoras lo reconocen de la siguiente manera: "La supervisión es un espacio de revisión de los puntos ciegos del acompañante terapéutico, de sus resistencias inconscientes, de sus ideologías, de su ética; es un lugar de cotejo y reformulación de las teorías en relación con la clínica" (Kuras y Resnizky, 2003). Se desprende del texto que entienden la supervisión como una instancia de trabajo individual entre el acompañante y el supervisor. Por un lado, la labor se enmarca en el contexto del equipo de abordajes múltiples y, por otro, la supervisión se recorta como un espacio de revisión individual.

Las publicaciones, en términos generales, no solo forman parte, sino que dan cuenta del recorrido y el devenir de un discurso, de una práctica a la que hacen referencia. Los textos son también el efecto de los recorridos singulares que los propios autores trazan como experiencia de vida. Seguramente no es tan común que la secuencia de publicaciones de cierto autor sea el reflejo de la evolución discursiva del campo en cuestión. Algo así sucede con Kuras de Mahuer y Resnisky, pues sus producciones manifiestan la habilidad de leer ciertos interrogantes que han comenzado a circular en el campo AT y, a su vez, organizan discursivamente algunos lineamientos para pensar al respecto. Se trata de dos autoras con un nivel significativo de influencia en el campo.

En el año 2005, ellas realizan su tercer aporte, al publicar el libro *Territorios del Acompañamiento Terapéutico*. Así como el primer texto sostiene una perspectiva social del padecimiento subjetivo y el segundo redefine el padecimiento en su dimensión singular, en esta tercera publicación introducen el factor relacional para pensar y abordar el padecimiento subjetivo.

Del AT señalan que:

> Como experiencia intersubjetiva es, sobre todo, un devenir en movimiento y en interacción con otro. Al acompañar se genera en el vínculo con el paciente, un espacio entre el pensar y el hacer, entre la desconexión y la pertenencia (...) Es justamente ese mismo espacio [el del entre-dos] el que alberga al acompañante terapéutico. En una época signada por la pérdida de referentes y la precariedad de las redes de sostén, el acompañante se propone como otro, un testigo soporte que apuntala y suplementa, un prójimo cercano que podría favorecer la puesta en marcha de un proceso resiliente. (Kuras y Resnizky, 2005)

Las autoras inician este nuevo texto proponiendo una revisión de los fundamentos del AT. Intentan dialogar con otros discursos; toman elementos de la Física, traen algo la Teoría de la complejidad y ubican coordenadas del psicoanálisis. Al igual que en la publicación anterior, sostienen la idea del acompañante como agente que potencia los alcances de la dimensión terapéutica, en el sentido de un complemento que aporta en la efectividad de una función primera.

En términos generales, más allá de algunos aportes específicos en los que delimitan el accionar del acompañante, su función y su campo de acción, no se registran grandes modificaciones respecto de cómo piensan el abordaje en AT: "Consideramos de insustituible valor la inserción del acompañante terapéutico como parte de un dispositivo de abordaje pensado por un equipo de trabajo, en función de las necesidades de cada paciente". Observamos que el equipo al que hacen referencia es el equipo institucional de abordaje múltiple, del que ya dieron cuenta en su primer y en su segundo texto.

Casi al final del libro, en uno de los capítulos focalizados en la casuística, aparece tímidamente y de manera algo confusa la referencia al coordinador y a lo que denominamos el equipo específico de AT:

> La supervisora, a su vez, era un referente cercano a la hora de leer las diferentes situaciones que se iban planteando con la paciente, en efecto, una vista macro y desde afuera de toda la escena (...) El clima de confianza que las acompañantes terapéuticas sentían con la coordinadora ayudó a sostener esta experiencia con un nivel de compromiso subjetivo intenso por parte de cada uno de los acompañantes. A su vez, el tejido de red potenció los efectos positivos del acompañamiento. (Kuras y Resnizky, 2005)

En este último recorte, en el que hacen referencia al "tejido de red", dan cuenta del potencial que propone el ejercicio del acompañamiento terapéutico a partir de un abordaje entre varios.

Por otro lado, en ese mismo párrafo se alude a la función de un modo difuso, en el que se confunde el supervisor y el coordinador como si tuvieran una misma función. A pesar de eso, cuando relatan situaciones precisas del caso, la coordinación adquiere relevancia clínica y da mayor claridad a su función dentro del equipo.

Lo narrado es el recorte que hace la coordinadora del dispositivo de AT en un equipo conformado por cuatro acompañantes que trabajan en turnos de seis horas, con una acompañante más como retaguardia, y la coordinadora. Se trata de un caso llevado adelante con la lógica de un equipo específico de acompañamiento terapéutico, en el que la coordinación cumple un papel de organizador y mediador en la relación entre el equipo de at y el resto de las figuras del tratamiento.

> Una de las tareas más difíciles con las que se encontraban las acompañantes terapéuticas era la relación con la variedad de profesionales que intervenían ¿Cómo no quedar supeditado a las diferentes respuestas o indicaciones que daban? Las acompañantes terapéuticas comenzaron a ser más cuidadosas con la información que se transmitía fuera del canal "coordinadora-doctor Kalina- institución (...) En caso que alguna de ellas fuera interrogada por médicos, enfermeras o algún directivo de la clínica, se acordó remitirlos a la coordinadora del equipo de acompañamiento o al doctor K. (Kuras y Resnizky, 2005)

Este relato destaca una función que, si bien ya tenía existencia en el campo AT, no había sido destacada por las autoras hasta el momento. En esta ocasión, se animan a delimitar parte de su función. En tal sentido, si bien para ellas los acompañantes se enmarcan en la dinámica de un equipo de abordaje múltiple, es evidente que el hecho de tratarse de una función ejercida entre varios exige que se asuma la dinámica de un equipo específico de acompañamiento terapéutico, en el sentido de fijar lugares y delimitar funciones para que opere la especificidad del acompañamiento, y a su vez logre articularse de un modo ordenado con el resto de las disciplinas intervinientes.

En el mismo relato clínico, las autoras afirman que "La supervisora, a su vez, era un referente cercano a la hora de leer las diferentes situaciones que se iban planteando con la paciente, su familia, la institución; ella tenía en efecto una vista macro y desde afuera de toda la escena". Se revela aquí una cierta confusión entre la función de coordinación y de supervisión. Al parecer, ambos significantes apuntan a un mismo agente, que cumple funciones ordenadoras dentro del dispositivo.

Es importante dar claridad en este punto. En nuestra opinión son dos funciones distintas y fundamentales. Creemos que un coordinador no puede operar simultáneamente como supervisor, que no es posible que esas dos funciones sean encarnadas por la misma persona, toda vez que implican habitar dos lugares diferentes y en algún punto opuestos en la dinámica del acompañamiento. El coordinador es parte del equipo de AT, mientras que el supervisor es, por definición, un agente externo. La función de la coordinación, entre otras, está orientada a motorizar el trabajo, gestionar el equipo, promover la lectura del caso y, en tal sentido, es el soporte para que la palabra circule, teniendo en consideración que el coordinador también aporta una perspectiva del caso ligada a los actores con los que articula (familia, equipo profesional, etcétera). Todos esos relatos –incluso el del coordinador– puestos en tensión organizan el recorte discursivo que constituye la escena clínica sobre la que se pretende intervenir. De este modo, se nos hace imposible pensar un fuera de escena para el coordinador. La construcción de la escena siempre es colectiva y en ella se incluye la perspectiva del coordinador.

La función de un supervisor, sin embargo, requiere una exterioridad al equipo como condición para que se habilite una escucha particular. Viene a entregar un nuevo sentido, a ordenar el trabajo, a refrescar la lectura. El acceso a un supervisor de ningún modo puede ser estereotipado o sistematizado. La supervisión no es una obligación, es un recurso al que el equipo de acompañantes decide acceder cuando siente que lo necesita. No se trata de un control regular sino de una mirada externa que potencia y ordena la implicación, la lectura clínica, cuando algo en el tratamiento "hace ruido", cuando algo se detiene.

Llegar a un espacio de supervisión supone una tarea previa de revisión del caso, un recorte de ese texto sobre el que se trabaja en la reunión de equipo, en cuya elaboración participa también el coordinador, con su mirada macro. En este sentido, es el equipo el que supervisa el caso, es decir, acompañantes más coordinador. Esto solo puede llevarse adelante con un referente externo que el equipo de at respete (con el que esté en transferencia) y elija por unanimidad o, al menos, por acuerdo.

Notamos, sin embargo, que en el campo AT hay una tendencia actual a promover una supervisión más orientada a un control que a un recurso de la clínica. La misma probablemente encuentre arraigo en esa tan significativa soledad en la que trabaja el acompañante autónomo, que es la modalidad más extendida para el ejercicio del acompañamiento en la actualidad. Varios autores y referentes del AT encuentran en la figura del supervisor un apoyo, un contrapunto con alguien para armar el texto del acompañamiento terapéutico. Esa soledad, la difícil articulación con las otras disciplinas intervinientes, la imposibilidad de poner a trabajar el caso con otros acompañantes, habilita con mayor facilidad puntos singulares de invisibilización. El encuentro con un otro que no juzga permite en ocasiones echar luz sobre esos puntos y ayuda a promover el trabajo de lectura. De todos modos, en última instancia, el acceso a una supervisión está más ligado a un posicionamiento ético que a una obligación moral. Es preciso estar dispuesto a ser atravesado. De nada sirve fichar en la sala del supervisor si no hay allí una pregunta orientadora, un agujero, un deseo de acompañamiento terapéutico. De nada sirve si lo que allí se busca es una receta. La supervisión es siempre sobre el texto propio, aunque hablemos de otro, y esta no podrá operar si en ese texto uno no está implicado.

Algunas conclusiones anticipadas

Desde que hay registro, han coexistido ambos modos de implementación del acompañamiento terapéutico. En la modalidad de acompañamiento autónomo, podemos considerar que se despliega todo lo necesario para pensar el recurso como un rol profesional. En esta línea, el acompañante da cuenta de lo que sabe y construye progresivamente la experiencia propia, con la cual lidiar en las diversas situaciones que se presentan en los acompañamientos en los que interviene. Mientras, en la modalidad de equipo específico de acompañamiento terapéutico, podemos ubicar las coordenadas para pensar el recurso al modo de un dispositivo. Un artificio que se instala en la cotidianidad de los asistidos, organizado a partir de varias presencias, al modo de un universo relacional en donde comenzarán a pasar cosas, que luego serán tramitadas y puestas en consideración para su trabajo en las reuniones de equipo y transmitidas a los espacios terapéuticos tradicionales. La tensión entre AT como rol y AT como dispositivo reviste una de las discusiones históricas más interesantes al interior de nuestra disciplina. Lo que debemos entender es que, en última instancia, nada cambia con respecto a cómo pensamos el encuentro con el paciente en uno y otro modelo. Aplican todos los desarrollos históricos en los que se fue forjando y delineando el modo de posicionarse clínicamente en la cotidianidad de los asistidos.

Las diferencias entre ambos modelos son sensibles y corresponden principalmente al modo en que se implementa el recurso y la potencialidad que ofrece como intervención clínica. Creemos fehacientemente que una intervención entre varios, con el soporte que un equipo representa, siempre es más conveniente que el trabajo en soledad, por más experiencia que un acompañante pueda acumular. Sin embargo, resulta extraño el modo en que se ha silenciado el modelo de ejercicio en equipo especifico de acompañamiento terapéutico en la formación de los profesionales. Es un hecho que el ejercicio de manera autónoma se arraiga con mayor contundencia. Entendemos que esto no es solo una responsabilidad de los espacios de formación, que en ocasiones han operado como andamiaje para el desarrollo discursivo de la disciplina y, en ese contexto, transmiten el saber que creen necesario para la construcción del rol. Priorizan la transmisión de ese saber y es habitual que las experiencias de equipo especifico de acompañamiento (incluso las aquí mencionadas y que definen algunas características del modelo) queden por fuera de los currículos académicos.

Este modo de implementación ha quedado reservado a la experiencia efectiva y creemos que la responsabilidad por su silenciamiento reside principalmente en los equipos de AT, en cuyo seno se despliega una práctica endogámica, con poca salida y escasa difusión conceptual de la actividad que desarrollan, lo que funciona como obstáculo para una adecuada valoración de la propuesta. Estos equipos no han disputado el campo discursivo del acompañamiento hasta el día de hoy, relegando su saber, su experiencia e incluso su aporte del desarrollo discursivo al circuito propio de los equipos.

Esto ha tenido un impacto fundamental para el campo AT, al punto en que esta modalidad de implementación histórica no ha sido mencionada en ninguna de las regulaciones existentes, aportando a que su práctica sea interpretada como una doble prestación por la obra social, o como una tercerización de acompañantes por algún agente de la justicia que desconoce el tema.

Por último, y en función de lo señalado, desplegaremos algunos puntos que den cuenta de la práctica en equipo específico de acompañamiento terapéutico, para aportar a su caracterización y mejor entendimiento.

APUNTES PARA UNA CLÍNICA ENTRE VARIOS

Abordaremos el modelo de equipo específico de AT para pensar la intervención y, particularmente, para comprender la función del coordinador en el marco del dispositivo de AT.

Ya vimos que, en las cinco primeras publicaciones más significativas sobre este tema, la modalidad de abordaje en el marco de un equipo específico de acompañamiento terapéutico no solo tiene presencia, sino que lleva un consolidado desarrollo en la práctica.

Como refiere Altomano (Altomano y Azpillaga, 1995), la figura de la coordinación surge como necesaria en la medida en que se instala como formato para la práctica del acompañamiento una estructura de abordaje que denominamos "entre varios". El concepto "entre varios" ha recorrido diferentes textos ya publicados de AT sin hacerse notar lo suficiente. Sin embargo, creemos que constituye uno de los pilares fundamentales en la organización de la apuesta clínica de esta práctica cuando la pensamos como un dispositivo.

La primera mención que encontramos en un texto de AT de Osvaldo Delgado, en el Capítulo 10 del libro de Rossi, Pulice y Manson, como entrecruzamientos. Cito textualmente porque me parece interesante cómo lo introduce:

> El at parece como un objeto absolutamente polivalente al servicio de un dispositivo que lo cuenta a él como uno más del tratamiento, y la clínica entre varios para esta transferencia multiplicada, pero donde el at ocupa un lugar relevante en la medida en que es el que va con el sujeto por la ciudad, por la casa, articulando la dimensión de lo público, y va permitiendo de este modo una conexión del sujeto con ese Otro que el sujeto tiene absolutamente afectado. (Delgado, en Rossi, Pulice y Manson, 1995)

Observamos que esa mención hace referencia una clínica "entre varios", con otras disciplinas que no son AT. Resaltamos este párrafo porque fue justamente en una ponencia del licenciado Delgado en la UBA en donde escuchamos por primera vez la expresión "clínica entre varios" recortada como concepto y asociada a una clínica de lo cotidiano. De todos modos, fue en un segundo momento cuando el licenciado Isla –coordinador de coordinadores del equipo AGORA-FUNDAT– acercó nuevamente el concepto y atrajo nuestra atención. En dicha oportunidad encontramos que el concepto resignificaba la práctica que ya veníamos desarrollando. La alusión a una clínica "entre varios" se halla desplegada en diversas producciones de Rossi, que referencia cierta práctica de ese modo, pero sin adentrarse en el concepto en sí, donde creemos que anidan las coordenadas básicas para el funcionamiento del dispositivo.

Para desarrollarlo, usaremos de soporte el concepto de "práctica entre varios", surgido de un recorte que hace Di Ciaccia en referencia a una experiencia institucional del año 1974. Esta consiste en el establecimiento de una práctica con pacientes graves, sin la implementación del *setting* del dispositivo analítico. Intervienen diversas disciplinas con la particularidad de que lo hacen proponiéndose al lazo, vaciándose de su saber especifico. La propuesta promueve focalizar sobre la iniciativa vincular/transferencial y una articulación entre los agentes de salud que no pone el foco en la especificidad de cada disciplina, sino en el texto que como producto deriva de la tensión en el encuentro de los diferentes representantes de cada una de ellas.

Para ordenar ciertos conceptos claves y reflexionar sobre el acompañamiento terapéutico pensado como dispositivo, ejercido en el marco de un equipo específico de AT, tomaremos como modelo esta experiencia. Si bien hay otros modos de llevar adelante los acompañamientos (en equipo de abordaje múltiple, de manera autónoma, en institución, grupal, etc.), creemos que el modelo de abordaje en equipo específico de acompañamiento y comandado por una clínica entre varios representa la propuesta más interesante para pensar un acompañamiento terapéutico clínico. Aclaramos que la dinámica aquí propuesta articula con el resto de las disciplinas intervinientes un tratamiento, siempre preservando hacia el interior del equipo el funcionamiento operativo que lo define como una clínica entre varios.

A pesar de que tomaremos como referencia el concepto de "práctica entre varios", denominaremos "clínica entre varios" a la práctica específica de acompañamiento a la que hacemos referencia, para diferenciarla de la experiencia que tomamos como modelo ordenador.

La clínica entre varios es un modo de articular una experiencia terapéutica. "Varios" remite a que, en la estructuración de cualquier dispositivo de acompañamiento terapéutico, necesariamente interviene más de un profesional acompañante. El número de ellos estará directamente ligado a la carga horaria del dispositivo, a los objetivos del tratamiento y a las particularidades clínicas del paciente en cuestión. Tomando esa consideración, un eje fundamental para pensar este modelo clínico es ubicar que, en la relación con el paciente, cada profesional interviniente desarrollará un modo vincular particular, resultado de su propio posicionamiento subjetivo y de la forma en que este es alojado transferencialmente por el paciente.

Frente a semejante diversificación, donde cada profesional interviniente asume un lugar singular, distinto, en función de cómo fue habilitado por el paciente y lo que se ha generado como modo vincular, surge como fundamento el intercambio de presencias entre los miembros del equipo. De allí que, a lo largo del tratamiento, cada profesional tenga inserción dentro del dispositivo, no solo debido a su experiencia técnica o disponibilidad, sino por las particularidades que genera su propia presencia. Si bien hay una estructura de asistencia que intentará mantenerse de modo básico en el ordenamiento logístico del dispositivo, la intercambiabilidad de los profesionales responde a las exigencias que presenta el abordaje en lo concerniente al padecimiento subjetivo del paciente en cuestión. En tal sentido, se puede maniobrar gestionando presencias y ausencias en función de los efectos acontecidos ante cada uno de los profesionales, como parte de las estrategias de abordaje.

Otro eje fundamental para el funcionamiento de una clínica entre varios son las reuniones de equipo. El encuentro entre los profesionales en una reunión de equipo tiene por objetivo poner a trabajar las diferentes narrativas que cada uno de ellos ha consolidado respecto de los abordajes realizados en su trabajo con el paciente.

Lejos de la idea de una reunión entendida como recipiente capaz de alojar una catarata informativa, el concepto de reunión necesaria para hacer operativa una clínica entre varios consiste en habilitar un punto de encuentro como lugar donde se articula, se elabora y se sostiene un discurso sobre el paciente. Dicho discurso será una elaboración a partir de los decires de cada uno de los profesionales que participan del acompañamiento. En la medida en que el texto se conforma con los retazos y las tensiones organizadas a partir de las parcialidades que cada profesional aporta, la reunión de equipo opera como un punto de separación para ellos respecto del saber que se cree haber obtenido en los encuentros con el paciente. Esta separación habilita un saber que queda siempre en espera de ser verificado. La reunión cumple una función trascendental en lo concerniente a la elaboración de un saber respecto del caso. A su vez, el modo en que cada profesional tramita ese vacío de saber impacta en su posición para el reencuentro con el paciente. La presencia de cada uno de los profesionales intervinientes en la reunión es crucial y determinante. Lo que se sabe de un paciente es solo lo elaborado en el marco de la reunión; allí se constituye una palabra responsable, capaz de devenir en acto. Lo que se enuncia por fuera puede resultar operativo, pero carece de validez en la construcción del caso hasta tanto sea incorporado y tensionado en el marco de la reunión de equipo.

El tercer eje fundamental es la figura del coordinador, que no debe ser entendida como la de un jefe que habilita o invalida, o la de quien aplica o hace aplicar una intervención específica. El coordinador no es un supervisor ni un administrador. Su función no está ligada al saber ni está allí porque sabe más que otro profesional interviniente. Él cumple una función organizativa, a partir de la cual se permite tomar una posición dentro del abordaje, que es diferente de la del resto de los profesionales; sobre él recae la responsabilidad de que todo marche de acuerdo con los objetivos del acompañamiento. El coordinador en función se esfuerza por preservar ese vacío central de saber. Esa posición deviene fundamental para "habilitar a cada miembro del equipo a destituirse en relación con un saber totalizante" y prestarse responsable al trabajo vincular con el paciente y con el resto del equipo.

Ahora bien, "vacío de saber" de ningún modo significa vacío de contenido. El coordinador cumple una función crucial en el momento de instalar el dispositivo. En virtud de las coordenadas clínicas elaboradas a partir de la demanda de acompañamiento, es el encargado de organizar el esquema logístico con el que se dará inicio al dispositivo. Esta función, por el hecho de mantenerse con cierta distancia en todo momento, consigue operar de modo simbólico en la estructuración y regulación del dispositivo de acompañamiento terapéutico. Desde este espacio orgánico en donde interviene con el paciente y la familia, logra oficiar de soporte del lugar AT que luego, en un segundo momento, será encarnado alternadamente por cada uno de los acompañantes terapéuticos que intervienen.

La clínica entre varios es un modo de organización en equipo para el abordaje del padecimiento subjetivo, en el marco de tratamientos con encuadre abierto que se instalan en la cotidianidad de los asistidos. Los tres ejes mencionados constituyen un andamiaje sólido para consolidar el modelo de abordaje. Sin embargo, podemos ubicar que la especificidad de la clínica entre varios se evidencia en el hecho de que el abordaje se lleve a cabo con al menos dos acompañantes intervinientes. Dicho esquema habilita la intercambiabilidad de los miembros del equipo, que es una función crucial para la existencia de una clínica entre varios. La coordinación es un soporte necesario para el funcionamiento operativo, y a la reunión de equipo podemos definirla como el acompañamiento terapéutico en sí mismo, ya que es la instancia operativa en la que se trasciende lo anecdótico y todo lo acontecido se recorta en posición acompañante, habilitando a partir de allí la construcción de coordenadas clínicas y líneas de sentido que organizan intervenciones futuras. Sin reunión de equipo, no hay acompañamiento terapéutico.

Nota

1. El 11 y 12 de noviembre de 1994 se realiza el Primer Congreso Nacional de Acompañamiento Terapéutico bajo el lema "Hacia una articulación de la Clínica y la Teoría". La organización del congreso y la compilación de las publicaciones estuvieron a cargo de Gustavo Rossi, Gabriel Pulice y Federico Manson.

Bibliografía

Di Ciaccia, A. (2005). À propos de la pratique à plusieurs. *La causa freudiana*, N° 61, pp. 107-118.

Kuras de Mahuer, S. y Resnisky, S. (1985). *Acompañamiento terapéutico y pacientes psicóticos.* Trieb.

Kuras de Mahuer, S. y Resnisky. S. (2003). *Acompañantes terapéuticos, actualización teórico-clínica.* Letra Viva.

Kuras de Mahuer, S. y Resnisky. S. (2005). *Territorios del acompañamiento terapéutico.* Letra Viva.

Pulice, G. y Rossi, G. (1994). *Acompañamiento terapéutico, aproximaciones a su conceptualización.* X. Bóveda.

Rossi, G.; Pulice, G. y Manson, F. (1995). Compilación de trabajos presentados en el *Primer Congreso Nacional de Acompañamiento Terapéutico: hacia una articulación de la clínica y la teoría.* Las tres plumas.

Capítulo 4

Acompañamiento en dispositivos de internación. Clínica de lo absurdo. De locuras y pasajes

Patricia de Cara

Si no fuera por el arte yo ya me habría suicidado.
Seguiré pintando hasta que me muera.

Yayoi Kusama*

Alojar el padecimiento del sinsentido en dispositivos de internación merece un apartado especial en la agenda del acompañamiento terapéutico.

Lo disonante y disruptivo de las manifestaciones de la clínica actual alerta y altera los abordajes, y demanda una estructura compleja. La escucha de fragmentos y balbuceos en los espacios de trabajo grupal inspiraron este breve escrito, en un intento de visibilizar la clínica del absurdo: pasaje al acto, intento de suicidio, cuerpos consumiéndose por anorexia, identidades en tránsito, delirios con su verdad en clave enigmática. Los equipos de salud, ¿estamos efectuando las adecuaciones necesarias? ¿Existen nuevas formas de locura? ¿Hay lugar para reformular los conceptos deformados, desalineados de los dispositivos tradicionales con pensamiento clínico?

Utilizar los tiempos de la escritura, del compartir con otros acerca de las transformaciones necesarias para no quedar por fuera de la demanda actual es una de las preguntas en jugada de apertura para seguir zigzagueando por terrenos inciertos, con la palabra como metáfora para dar a luz a lo nuevo que surge de la escucha en atención flotante en y de situaciones límites.

Palabras claves: acompañar/aislamiento/refugio/psicoanálisis/grupo/institución/comunidad.

El encuentro con ellos en situación de aislamiento es incierto; un grupo nuevo cada vez espera ser escuchado, con sus demandas en múltiples modos de presentarse. Un denominador común es que se encuentran internados en una clínica de salud mental, un cruce azaroso que los liga, de manera casi automática, en una misma causa. Algunos breves relatos de los registros resuenan una y otra vez: “Estoy porque las presiones económicas y laborales me están haciendo consumir más, estoy al límite y estar aquí me hace sentir segura y contenida”. “Frente a las presiones sociales, las ansiedades acosan”. “¿Cómo se vive la vida?”. “Desde que ingresé puedo pensar más tranquila, es día a día... Esperando... Estar lejos de mi familia me tranquiliza, estoy más suelta... Acá te das cuenta de que no sos el único que sufre”. “Estoy pudiendo hablar, me voy para adentro, me cuesta pedir ayuda, se te junta todo, al estar aquí me siento en familia, si falla uno está el otro”. “Consumía porque estaba deprimida, me tranquiliza”. “Quiero golpear algo, no puedo callar mi cabeza, me quiero suicidar y no me dejan”. El grupo contiene, entra y sale gente, ya nos conocemos, sabemos calmar al otro, ya sabés qué hacer con la otra persona”. “La internación es una pausa para reflexionar, pausar todo; la depresión, terminar con el sufrimiento es un pozo sin fondo, si no te tiran una mano no se sabe qué hacer, terminar terminar... Es el infierno y el miedo lo que te arruina todo, hay una falta de equilibrio que te hace perder parte de la vida... un desbalance... hay algo denso en lo sutil... pensar, sentir, reflexionar y alguna decisión tomar para mi vida...". "Los impulsos son difíciles de controlar, la ansiedad está hecha de inseguridad, miedo, enojo, desesperación, bronca. Se te junta todo, se pasa del enojo a la tristeza en segundos".

¿Qué significa "absurdo"? La palabra *absurdus* proviene del latín; está, compuesta por el prejijo *ab* y *surdus* (sordo). Según Cicerón, el término refiere a alguien disonante, algo que suena inútil, reprensible o que no se entiende. También se relaciona con el indoeuropeo *swer* (zumbar, susurrar); remite directamente a sentidos como el que se hallan en *susurrare,* pues *absurdus* en su origen significa aquello que es disonante, que no cuadra con lo que suena. Son murmullos de sordos que hay escuchar, aunque nada tenga sentido. Vivir resultaría intimidante. El paisaje actual en la práctica clínica es un plano resbaloso y deslizante en el que es complejo incursionar, comprender algo de las subjetividades en riesgo.

> Se trata de escuchar en otra lengua, con otros códigos y signos de los cuales no sabemos nada, la palabra fue tomada como cosa. Es necesario callar y solo escuchar, cada palabra, cada gesto, no sabemos cómo puede ser interpretado; fragmentos, balbuceos, gestos que intentan comunicarnos algo. De a poco, bordear con la palabra "lo inaudible", la psicosis se muestra sin pudores, así, enigmática; uno busca un sentido posible en los núcleos de verdad contenidos en el delirio, apostar al posible hilván de alguna trama que pueda albergar un Yo en peligro de extinción. (De Cara, 2017)

Ir al compás de los cambios implica una plasticidad; captar la movilidad de los cambios sociales, su dinamismo interno, es una clave posible para apreciar las modificaciones de costumbres que operan en la cultura contemporánea. Es bien cierto que el cambio excesivo y vertiginoso amenaza con invalidar nuestras intervenciones.

El intento de suicidio permite empezar a hablar de ellos/elles: alojados y alejados de su familia, pueden decir que su nombre no los identifica, son identidades móviles y porosas que no alcanzan a dar albergue a su ser. Hay en ellos una obsesión por el sentir lo no sentido. Infringirse dolor para estar sintiéndose vivos. El imperativo de hacerse daño, los consumos de sustancias embriagadoras que los hagan sentirse vivos. Forjar alguna marca en el cuerpo por las faltas de una falta, que los arranque de una dependencia más radical, la fusión interminable.

¿Acompañamiento en situación de aislamiento para generar lazos? El aislamiento como envoltura artificial protésica permitiría la inoculación de anticuerpos psíquicos, dar a luz a algo nuevo con las versiones pasionales de angustias incognoscibles, entre idas y vueltas disruptivas ofrecer un albergue que los deje a salvo de sí mismos. Por tramos entrecortados, entre puntada y puntada, poder ir armando una trama (red) de sostén.

Apuestas a la construcción de vínculo desde la situación de internación como refugio, como espera que nunca es dueña de la que aguarda. La espera trastorna lo ya conocido, lo ya visto; la incertidumbre habita en quienes esperan. Otro (con mayúscula) que se ofrece, atento e interesado en sus padeceres disonantes con las incertezas de lo conocido. Esperas de impacientados. Esperas con incógnitas. Espera como columna vertebral del discurso amoroso: "La espera es un encantamiento: recibí la orden de no moverme." escribe Barthes.

La institución, como refugio que aloja los desbordes de formas particulares de goce devorador, no es la vuelta de la represión en las neurosis, ni del repliegue de la psicosis: es en el desborde que podría construirse, un reborde precario en el que puedan sostenerse, y para eso hay que volver a trazar cada día. Quignard, en *Butes*, refiere que Ulises fue el primero en hacerse atar de pies y manos al mástil de su navío para luego poder escuchar el canto de las sirenas sin caer en la tentación irrefrenable. Poder escuchar el canto del otro (música órfica que amenaza con el encantamiento) y la muerte es segura (Butes, un remero, otro personaje con menos prensa en el mito, va al encuentro con esa música y se arroja, dándose muerte segura). Según este autor:

> La primera vez que la forma de análisis aparece en el mundo griego se sitúa en el verso 200 del canto XII de la Odisea de Homero... De este modo, el primer análisis catalogado representa el momento en que son desatados los nudos que atan a Ulises, una vez que ha pasado sin morir el Lazo de las atadoras. (Quignard, 2011)

Atar para luego desatar. Eso hacemos en la institución: atamos, tejemos redes de contención, devolvemos la mirada, para luego, pasada la tormenta, empezar a desatar.

En la práctica clínica contemporánea se reflejan los ecos de la sociedad contemporánea, no exenta de goces e intolerante de lo que ella misma genera, modos de exclusión de la locura de los que no comulgan con los modos de producción de sujeto actual. El deseo de no deseo en las anorexias, el vacío que se llena con el goce que los consume, clínica de estos días o de hace tiempo ya.

Escucha abstinente para permitir que algo se muestre sosteniendo el principio de docta ignorancia, función operativa que orienta la práctica en la clínica de lo absurdo; en los bordes internos del goce tóxico encontramos mezclados vestigios de vida, hilachas de deseo con las que intentamos bordar, bordear la trama subjetiva.

> El dispositivo interviene con su bastidor-encuadre en la mente del equipo de salud, jugando con la idea de Green (encuadre interno en la mente del analista):
>
> Se requiere del pensamiento loco del analista para darle inteligibilidad y así poder analizar el funcionamiento límite. Ello implica, en primer lugar, que el analista debe tolerar no solo los pensamientos locos del paciente, sino también los propios; luego, tener cierta disponibilidad para elaborarlos, y la capacidad de desligar y religar sus propias ideas para volver figurables los impulsos arcaicos. (Green y Uribarri, 2013, p. 76)

Sostener un no saber para dar lugar a lo nuevo en el intercambio intersubjetivo.

Transitar como psicoanalista acompañante de la clínica de lo absurdo, en atención flotante a la pesquisa de deseo-vida, por esos intersticios entre goces y deseo e ir generando algún vínculo desde las generosidades del lazo que multiplica lo grupal, el grupo como ese Otro que genera alteridad, las fuerzas de la pulsión en clave deseante, apuestas a nuevos destinos posibles para que lo inédito aparezca.

Salir de los márgenes de nuestra posición como analistas para entrar en función de acompañantes terapéuticos transitorios dentro de la situación de internación, salir de la comodidad del consultorio para desacomodarnos, reposicionarnos según cada caso en su singularidad.

* Yayoy Kusama encontró en la disciplina artística el modo de canalizar sus alucinaciones y obsesiones. Reside hace más de treinta años en un centro psiquiátrico que abandona cada día en un ómnibus decorado con lunares, su obsesión, de camino a su estudio de creación.

Bibliografía

Andruetto, M. T. (2014). *La lectura, otra revolución*. FCE.

Braunstein, N. (2006). *El goce. Un concepto lacaniano*. Siglo XXI.

Cirlot, J. E. (2004). *Diccionario de símbolos*. Siruela.

De Cara, P. (2013). Pasión por pintar. En *Symposium APC*.

De Cara, P. y García, H. (2017). *La locura, el psiquiátrico, lo íntimo*. Segundo Premio IPSO.

De Cara, P. (2017). Los equilibristas. En *Symposium APC*.

Deleuze, G. (1994). *La literatura y la vida*. Alción.

Derrida, J. y Roudinesco, E. (2001). *Y mañana, qué...* FCE.

Freud, S. (1919). Mas allá del principio del placer. En *Obras Completas*, vol. XVIII. Amorrortu.

Freud, S. (1929). El malestar en la cultura. En *Obras Completas*, vol. XI. Amorrortu.

Gómez de Silva, G. (2009). *Breve diccionario etimológico de la lengua española*. FCE.

Green, A. y, Uribarri, F. (2013). *Del pensamiento clínico al paradigma contemporáneo. Conversaciones*. Amorrortu.

Peusner, P. (2010). *Reinventar la debilidad mental. Reflexiones psicoanalíticas en torno de un concepto maldito*. Letra Viva.

Quignard, P. (2011). *Butes*. Seix Barral.

Recalcati, M. (2015). *Las manos de la madre. Deseo, fantasmas y la herencia de lo materno*. Anagrama.

Recalcati, M. (2015). *¿Qué queda del padre? La paternidad en la época hipermoderna*. Xoroi.

Lacan, J. (1994). *El seminario. La relación de objeto*. Paidós.

Le Poulichet, S. (1994). *La obra del tiempo en psicoanálisis*. Amorrortu.

Le Poulichet, S. (1996). *El arte de vivir en peligro. Del desamparo a la creación*. Nueva Visión.

Capítulo 5

Heterocuidados

Pablo A. Dragotto

> *Si el acompañamiento implica una presencia (...) es una presencia que implica y compromete. (...) cuando se acompaña a una persona, generalmente es en un contexto de desamparo. Es asistir a un semejante ahí donde el nivel de angustia, de soledad, de abandono y maltrato y también de goce, se ha incrementado y lo pone en riesgo. El acompañante entonces habrá de funcionar de borde ahí donde los propios contornos se encuentran lesionados y perforados. Ahí donde el presente se vuelve tan agobiante y donde de pronto pasado, presente y futuro se confunden en la inmediatez.*
>
> **Marco A. Macías López**

Para Byung-Chul Han (2017) hemos dejado atrás la época en la que predominaba la sociedad de control (tal como la describió Foucault) y el paradigma inmunológico de reacción ante lo extraño, para entrar en una sociedad del rendimiento que se caracteriza por un exceso de positividad y que encuentra sus enfermedades paradigmáticas en el agotamiento, el *burn out* y la depresión, el trastorno por déficit de atención con hiperactividad, el trastorno *borderline* y el síndrome de desgaste ocupacional. "Estas enfermedades no son infecciones, no son infartos caracterizados por la negatividad de lo otro, sino por un exceso de positividad" (Han, 2017).

La sociedad disciplinaria de Foucault –que consta de hospitales, psiquiátricos, cárceles, cuarteles y fábricas– ya no se corresponde con la sociedad de hoy en día, afirma Han. En su lugar, se ha establecido otra diferente: una de gimnasios, torres de oficinas, bancos, aviones, shoppings y laboratorios genéticos. La del siglo XXI ya no es una sociedad disciplinaria, sino una sociedad de rendimiento. Sus habitantes ya no se llaman "sujetos de obediencia" sino "sujetos de rendimiento". Son emprendedores de sí mismos. Los proyectos, las iniciativas y la motivación reemplazan la prohibición, el mandato y la ley. A la sociedad disciplinaria la rige el "no" y su negatividad genera locos y criminales. La sociedad de rendimiento produce depresivos y fracasados, pero el sujeto de rendimiento sigue disciplinado. La positividad del "puedo" no anula el deber. El exceso de trabajo y rendimiento se agudiza y se convierte en autoexplotación. Hoy en día, la sociedad incurre de manera progresiva en una constelación que se sustrae por completo del esquema de organización y resistencia inmunológicas. Se caracteriza por la desaparición de la otredad y la extrañeza. En lugar de la otredad comparece la diferencia, que no produce ninguna reacción inmunitaria. La diferencia posinmunologica, posmoderna, ya no genera ninguna enfermedad (le falta el aguijón de la extrañeza); la extrañeza se reduce a una fórmula de consumo. Lo extraño se sustituye por lo exótico y el turista lo recorre. El turista o el consumidor ya no es más un sujeto inmunológico. Los refugiados se consideran una carga más que una amenaza. El paradigma inmunológico no es compatible con el proceso de globalización. La otredad que suscitará una reacción inmunitaria se opondría a un proceso de disolución de fronteras. La violencia de la positividad no presupone ninguna enemistad; se despliega en una sociedad permisiva y pacífica, por ello es menos visible que la violencia viral. La violencia de la positividad no es privativa sino saturativa; no es exclusiva sino exhaustiva, por ello es inaccesible a una percepción inmediata.

La experiencia reciente de la pandemia derivada del COVID-19 puso en entredicho (o, más bien, entre paréntesis) estas ideas Han. El paradigma inmunológico y la sociedad de control resurgieron con la mayor fuerza y visibilidad, no solo en las medidas implementadas por los Estados sino en las reacciones de sujetos, grupos y poblaciones dominados por la angustia y el miedo extremos. No obstante, en la pospandemia, junto con una notoria necesidad de olvido por parte de la población, observamos la rápida reinstalación de los modos de la sociedad del rendimiento y el cansancio propuestas por el filósofo.

Hace un tiempo, en el congreso de AT de Santa Fe, me invitaron a participar de una mesa llamada "El autocuidado en el acompañamiento terapéutico". Comencé mi intervención cuestionando ese título. La palabra "autocuidado" es ajena al idioma castellano y la noción misma de autocuidado resonaba en mí en cierta contradicción con el acompañamiento terapéutico mismo. No desconozco que el concepto de *self care* (también traducido como autoasistencia) es una práctica recomendada por la OMS en relación a la prevención primaria, con vistas a acercar herramientas para la atención temprana en la comunidad. Podría ser una referencia al "cuidado de sí" desarrollado por Foucault, no obstante, me preguntaba qué sería el autocuidado en la práctica del at. ¿Son los cuidados que debo tener a la hora de llevar a cabo mi práctica? ¿De qué tengo que cuidarme? ¿De quién?

El psicoanálisis (antes la filosofía, antes algunas religiones, antes la escritura, antes la vida misma en sociedad) nos enseña que no hay sujeto sin el otro, no hay yo sin alguien antes, no hay ser humano sin humanización. No sobrevivimos solos.

El discurso capitalista imperante en nuestra época promueve un tipo de lazo social caracterizado por el desasimiento respecto al Otro a través de una ilusión de completamiento, autogenerado a través del consumo y la autorrealización. Los productos crean necesidades que son satisfechas a través de la compra y el consumo. Me hago a mí mismo, *self made man* sin historia, sin herencia. Nada que agradecer. Nada que aprender. Un hombre o mujer nuevos a la conquista del porvenir: *impossible is nothing*.

Winnicott muestra la paradoja del desarrollo del sujeto y la importancia de no destrozarla. Nacemos inermes, incompletos, inmaduros, incapaces de sobrevivir sin el auxilio y el sostén del otro materno: el ambiente facilitador. Quien ejerce la función materna recibe al *infans*, lo sostiene, lo atiende, lo cuida, lo alimenta, adivina, entiende y decodifica sus necesidades. Pero, sobre todo, sostiene y cuida la necesidad fundamental de no ser interrumpido en la ilusión de la autocompletud. Al comienzo, no hay un mundo afuera desde el punto de vista del bebé. No hay "no-yo". La devoción materna posibilita la ilusión del bebé, el gesto espontáneo propio, la vivencia de crear al objeto. Esa es la paradoja: necesitamos esa vivencia de omnipotencia absoluta, de autosatisfacción y de inventar al objeto de la nada. Sin ella no habrá la posibilidad futura de un sujeto que se sienta auténtico y sea capaz de una vida creativa, con otros, en la cultura. La paradoja es que esa vivencia de omnipotencia solo es posible desde la máxima dependencia de otro que entiende, adivina, provee, inscribe, respeta y no nos dice que se trata de una ilusión. Sostener la paradoja es jugar, entregarse al juego sin decir "estamos jugando". Luego vendrán las fallas, el logro de autonomía, las frustraciones, el reconocimiento del objeto y del mundo.

El Otro del lenguaje nos antecede, sostiene Lacan; somos hablados antes de ser concebidos. Llegamos a una familia con una historia, nos precede el deseo, las palabras, las expectativas, el nombre que nos eligen, el lenguaje. Sin esa alienación fundante no hay sujeto posible. La separación es un momento lógico posterior, a través del cual el sujeto se desprende del Otro. El margen de libertad al que podemos aspirar pasa por reconocer la falta y la herencia, por encontrar un rasgo singular de cada sujeto para vivir su propia vida.

El doctor Pellegrini, en su faz de historiador y en sus presentaciones en los congresos de AATRA, nos ha recordado sucesos históricos, personas, ciudadanos argentinos que nos precedieron y lucharon para que fueran posibles algunas de las instituciones, los derechos y las posibilidades con que contamos hoy. Podría parecernos que las universidades nacionales estuvieron siempre allí, y que siempre fueron públicas, nacionales y gratuitas. Pues no, hubo quienes lucharon para que hoy contemos con el derecho a la educación universitaria libre y gratuita. Esos luchadores a su vez, fueron hijos de su época y heredaron una historia, valores y experiencias que hicieron propia esa herencia para luego quizás cuestionarla, cambiarla, transformarla. Como en la célebre alegoría de Eduardo Galeano del maestro y el aprendiz de alfarero.

El acompañamiento terapéutico no brotó por generación espontánea. No nació en 2010 con la Ley Nacional de Salud Mental. No lo inventó Lacan ni Bandura. Surgió en el caldo espeso, maloliente, fecundo y peligroso de los años 60 y 70 latinoamericanos. En el cono sur de las dictaduras sangrientas y las luchas revolucionarias. En el patio trasero de la Guerra Fría. En la mezcla creativa de psicoanálisis, marxismo, peronismo, arte, *happenings*, persecuciones, desigualdad social, salud mental naciente, experiencias comunitarias, rupturas, rupturas, rupturas. Pichon-Rivière, Mauricio Goldenberg, José Bleger, Eduardo Pavlovsky, Hernán Kesselman, Mimí Langer, Jorge Pellegrini, Susana Kuras, Silvia Resnizky, Santiago Kovadloff, Federico Manson, Guillermo Altomano, Mauricio Carrozzo, Gregorio Baremblit, Janine Puget, Alicia Donghi, Beatriz Dorfman Lerner, Carlos Pla, Jorge García Badaracco, Héctor Trillo y tantos otros precursores e inventores de algo que aún no tenía nombre y que hoy llamamos acompañamiento terapéutico. Y que se inscribe en luchas y movimientos mucho más amplios: los de quienes creemos que las personas más vulnerables y vulneradas en nuestras sociedades tienen que ser cuidadas y acompañadas, no segregadas y aisladas.

El acompañamiento terapéutico (AT) ha sido definido como un dispositivo (Kuras de Mauer y Resnizky, 2011; Dragotto y Frank, 2012), en tanto es caracterizado como una red que articula distintos actores o agentes, algunos de los cuales forman parte de un equipo que, de manera directa o indirecta, coordina acciones e interacciones en un contexto de vida cotidiana, con una finalidad terapéutica en sentido amplio. El énfasis está puesto en las relaciones, interacciones y en particular en los vínculos que se establecen con el sujeto acompañado y su entorno, más que en objetivos, técnicas o protocolos de intervención. La disponibilidad de las y los acompañantes terapéuticos (at) en una oferta vincular sostenida hacia personas en situación de vulnerabilidad psíquica, social y/o emocional, permite la continuidad de experiencias de cuidado y ligazón con las redes formales e informales de los sistemas de salud y de seguridad social de un modo eficaz y acorde con los marcos normativos vigentes en occidente. El enfoque de restitución de derechos, la perspectiva de género y el respeto por los contextos singulares y comunitarios de las personas son principios rectores de las políticas de salud mental y abordaje de las adicciones en Argentina, y de las recomendaciones realizadas por diversos organismos internacionales en la actualidad (OMS; ONU; OPS; OEA, 2010 y SEDRONAR, 2017, entre otros), además de estar incorporados a los instrumentos legales en los países de la región, de modo directo o por la vía de tratados internacionales. En sintonía con dichos principios rectores, el AT constituye un dispositivo no intrusivo, respetuoso de las subjetividades singulares de los acompañados y acompañadas y de sus contextos culturales, que provee contención vincular y evita el aislamiento y la segregación.

En Argentina, asistimos a un proceso de expansión de la práctica del acompañante terapéutico, de legitimación del rol y de consolidación y oficialización del mismo a través de una profesionalización basada en el traspaso de los trayectos formativos, desde el ámbito informal y privado en el que se originó al ámbito universitario, a través de carreras técnicas en universidades públicas y privadas. Esta situación de transición obligó a poner en marcha procesos de reconocimiento y validación de las formaciones realizadas durante años por los y las at. Concretamente, en el mismo acto de promulgación de leyes que los y las reconocen como agentes de salud, los estados provinciales les exigen formación terciaria o universitaria específica y oficial, y disponen procedimientos y requisitos para acceder a la matrícula profesional. Los procedimientos reglamentarios de las normativas establecen mecanismos para que quienes habían realizado formaciones en el sistema no oficial (la gran mayoría de los y las at) o eran practicantes idóneos fueran reconocidos y accedieran a la matrícula profesional, generalmente a través de un examen de conocimientos y competencias y/o de una formación complementaria a la que tuviesen, pero ahora validada por el Estado. De esa manera, poco a poco, los y las acompañantes terapéuticos fueron reconocidos por el Estado y pasaron a formar parte de los equipos de salud pública. Esto constituyó un cambio poderoso para la salud mental pública y comunitaria, ya que, en la vida cotidiana de las personas más vulnerables, implicó la presencia en territorio de gran cantidad de agentes capacitados en salud mental, con escucha clínica e inserción comunitaria, con capacidad de trabajo en equipo para el abordaje preventivo y terapéutico de múltiples afecciones y de acuerdo a las más modernas leyes de salud mental (Dragotto, 2022, p. 267).

Como acompañantes terapéuticos, trabajamos con estas personas vulneradas y vulnerables, muchas de ellas con discapacidades o problemas severos de salud mental y/o enfermedades crónicas, y lo hacemos en contextos de la vida diaria. También nosotros somos vulnerables y vulnerados en nuestros derechos, en mayor o menor medida, pero en nuestra tarea no estamos en relación de simetría con nuestros acompañados. Ellos son los padecientes, nosotros somos personal de salud. Tenemos responsabilidades y tareas diferentes. Acompañamos en la calle, en el espacio social, a sujetos que la mayor parte de la sociedad esquiva, evita, ignora, maltrata, olvida, compadece, no escucha... Al acompañarlos, sentimos el mismo trato que reciben ellos o bien nos cargan con la expectativa redentora y rehabilitante. Nos confundimos, nos asustamos, nos enfurecemos. Esperamos que el equipo nos sostenga y muchas veces no logramos encontrar uno que nos escuche. Nos damos vuelta buscando a alguien con quien hablar, para encontrarnos con la calle vacía. Otras veces contamos con un equipo con el que trabajar. Pero el tiempo nunca alcanza, con tanto como tenemos por decir, acordar y resolver. Sentimos cosas intensamente.

Para definir el marco de nuestra profesión, cabe señalar que:

- El trabajo es mucho y la paga es poca o nula.

- Las obras sociales imponen infinitos requisitos y trámites burocráticos, y luego abonan los servicios con mucha demora, cuando la inflación ya depreció aún más nuestros magros honorarios.
- Además, muchas veces dependemos de que otro profesional (un poco más en regla y más reconocido) facture por nosotros y debemos dejarle un porcentaje de la paga recibida. O el equipo o el servicio que nos deriva y nos convoca también solicita una retribución económica por hacerlo.
- Es necesario supervisar con otros profesionales, aunque nunca hayan trabajado como at ni tengan experiencia en ello, y pagar sus honorarios.

En este contexto, no sorprende observar la reacción de algunos acompañantes en pos de una reivindicación de sus derechos y en una autoafirmación identitaria que contribuye a la consolidación de dicho colectivo. Sería un efecto colateral indeseable que esta coyuntura fuera en detrimento de un saludable trabajo en equipo y de la valoración de la interdisciplina.

Este recorrido podría llamarse historia de un desencuentro. De cómo una profesión maravillosa –cuya raíz es el estar entre y junto a otros, sostenida y sosteniendo lazos y redes en la que sustenta a los más frágiles para que puedan ganar independencia– puede aislarse y devenir una experiencia frustrante y solitaria. Este recorrido ficcional surgió de la pregunta acerca de qué puede estar sucediendo para que, aun cuando casi todos los textos de AT señalan la importancia de la supervisión, pocos acompañantes supervisen regularmente su quehacer.

La supervisión no evita que nos equivoquemos, pero nos ayuda a conocernos mejor y a entender algo más de lo que sucede en los acompañamientos. Es –puede ser– una experiencia completa, real, compartida, con otro que nos acompaña en un proceso de estudio, aprendizaje, descubrimiento e intercambio. Una experiencia intergeneracional de transmisión y pasaje, de reconocimiento de la herencia y desafío iconoclasta.

Los pioneros en esta tarea practicaban un ejercicio de la formación clínica intensa y permanente: el famoso trípode (intenso y abarcativo) de la práctica, el análisis y la supervisión genera una experiencia transformadora que brinda una convicción en el método, en las propias capacidades y competencias y, también, conciencia de la falta, los límites y la necesidad de hacer con otros. Una disciplina clínica que contempla la formación científica pero no se aliena en el eslogan de "basado en la evidencia". Hoy, las dificultades económicas, la precariedad laboral y –por otro lado, pero simultáneamente– la euforia por las titulaciones universitarias y la conquista de las leyes de ejercicio profesional pueden llevar nuestra práctica a convertirse en peligrosas burbujas de autosuficiencia.

No hay yo sin otro. No hay autocuidado sin heterocuidado.

Los derechos son el piso básico sobre el que hacer pie, pero sin teorías, técnicas, dispositivos, pensamiento creativo, vínculos operativos y lazos fraternales e intergeneracionales, nuestras prácticas languidecen, así como sin decisión política y recursos presupuestarios las leyes por sí solas no devienen políticas de Estado.

Quizás necesitemos inventar formas de acompañarnos que nos sirvan hoy para la realidad de nuestra práctica y que, al mismo tiempo, honren esa tradición de formación intensa, compleja y permanente en la que surgió nuestra disciplina.

En el marco del Congreso Argentino de AT llevado a cabo en Córdoba en 2022 bajo el lema "De lo clínico a lo comunitario", con Alejandro Chévez Mandelstein coordinamos un taller sobre supervisión, con técnicas psicodramáticas. El grupo que participó del mismo superaba las cien personas. Siguiendo el pulso grupal y resonando con el devenir del congreso, el taller fue derivando en un espacio de elaboración de las experiencias vividas durante la pandemia. (Señalemos que este evento fue el primero que retomaba la presencialidad luego de dos años). El grupo fue mostrando escenas de la vida real de los y las acompañantes en los días de aislamiento social obligatorio: una acompañante y su acompañado eran insultados desde las ventanas de los edificios cercanos por los vecinos temerosos del contagio; otra acompañante escenificaba el contacto virtual a través de la computadora con su acompañada y en la representación los artefactos devinieron puentes amorosos; escenas del dolor por las pérdidas de afectos, parientes, acompañados; en otra escena, la acompañante mostraba su asombro y angustia al salir en su vehículo a la autopista, habitualmente repleta de autos y encontrarse con la ruta absolutamente vacía y desolada, como en una película postapocalíptica... El grupo se cuidaba y elegía las escenas menos dolorosas para ser trabajadas. Para los participantes, la experiencia en sí misma resultó una intervención performativa con efectos reparadores y promotores de la elaboración traumática. No obstante, fue palpable cierta necesidad de olvidar, de esperar, de no apresurar los tiempos del trauma. Aun así, pudimos ver en las escenas y escuchar en sus relatos el enorme trabajo comunitario que los y las at continuaron haciendo durante la pandemia, inventando modos de continuar los acompañamientos durante el aislamiento, adoptando los protocolos necesarios y retornando a la presencialidad tan pronto como fue posible, con la escucha clínica, la presencia territorial y la disponibilidad de siempre.

Bibliografía

Dragotto, P. A. (2022). El dispositivo de acompañamiento terapéutico en el tratamiento de sujetos con consumos problemáticos y adicciones. *Inscribir el psicoanálisis* N° 17. Asociación Costarricense para la investigación y el estudio del psicoanálisis pp. 265-283.

Frank, M. L., y Dragotto, P. A. (2012). *Acompañantes: conceptualizaciones del acompañamiento terapéutico como dispositivo en el campo de la salud mental.* Editorial Brujas.

Han, B-C. (2017). *La sociedad del cansancio.* Herder.

Katz, H. (2010). *El cuidado de sí. Encuentros y desencuentros entre la filosofía y el psicoanálisis.* https://www.elpsicoanalitico.com.ar/num21/subjetividad-katz-allouch-foucault-cuidado-de-si.php

Kuras de Mauer, S. y Resnizky, S. (2011). *El acompañamiento terapéutico como dispositivo.* Letra Viva.

Capítulo 6

Acompañamiento terapéutico virtual: desafíos de una experiencia en contexto de pandemia

Ivana G. Faria y Karina L. González

Este texto parte de una experiencia llevada a cabo en el trayecto final de la Tecnicatura en Acompañamiento Terapéutico de Universidad Nacional de Córdoba, Argentina, en el marco de una práctica supervisada. La misma se desarrolló en un servicio virtual de contención y acompañamiento gratuito, mediado exclusivamente por la comunicación escrita (chat) diseñada por el Ministerio de Salud, la Facultad de Psicología y de Ciencias Médicas de la UNC.

Tras la declaración de pandemia, ante la emergencia de COVID-19 declarada por la Organización Mundial de la Salud en marzo de 2020, diferentes Estados adoptaron como medida sanitaria el aislamiento social preventivo y obligatorio. En este marco surge ese servicio virtual, con el objetivo de brindar contención e información sobre la disponibilidad de recursos de Salud Mental a quienes se encontraban en situación de vulnerabilidad psíquica por la realidad que se atravesaba, así como también por aquellas variables que se agudizaban con ella. Los tratamientos psicológicos y psiquiátricos en curso evidenciaban dificultades tras el aislamiento, al emerger emociones y sintomatologías propias de las imposibilidades que imponía el momento (salidas, modalidad de estudio y trabajo convencional, entre otras), con la escasez de posibilidades de acceso a los servicios de Salud Mental ante las dificultades de desplazamiento tras las medidas mencionadas y las situaciones de violencia, (principalmente, de género) que se acrecentaban entre posibilidades e imposibilidades de intervención en este contexto.

Estas son algunas de las preocupaciones que inquietaron al sistema de salud y que lo impulsaron a generar nuevas instancias de abordaje junto a equipos de profesionales y practicantes del campo de la salud mental. Así, los procesos terapéuticos, públicos y privados, reinventaron modos de presencia por medio de las pantallas y se crearon diferentes recursos para dar soporte y contención, tales como el servicio que aquí presentaremos. Ese espacio era operado por acompañantes terapéuticos que contaban con formación y supervisión constante debido al dinamismo propio de las demandas de los/las consultantes, donde el desborde, la urgencia y la complejidad estaban a la orden del día. Como at, nos preguntábamos cómo posibilitar la emergencia de lo terapéutico ante la evidente catástrofe y las dificultades que imponía la modalidad virtual. Cómo vehiculizar la clínica propia del AT en un contexto de virtualidad y mediante la escritura, y qué nos posibilitaba seguir afirmando que allí había acompañamiento terapéutico. Por otra parte, ¿se presentaban los elementos del dispositivo de AT en esta experiencia?

Entonces, nos proponemos determinar las particularidades de esta modalidad de acompañamiento terapéutico que se presenta como novedosa y necesaria en contextos particulares y situaciones clínicas en las que no es posible realizar un abordaje convencional del dispositivo.

Tras recorrer conceptos nodales que definen la especificidad del acompañamiento terapéutico, y contrastar cómo los mismos operan en esta experiencia, se ve decantar lo propio de esta modalidad emergente. Los resultados evidencian que, en estos casos, el devenir de la intervención opera de modo diferente a lo habitual, concluyendo que es el vínculo con quien acompañamos el que antecede y posibilita recorrer la cotidianidad. Sin ello, lo cotidiano no puede ser pensado.

Comenzaremos por cernir algunos conceptos fundamentales en AT para luego ponerlos en tensión y cotejar cómo los mismos se ponen en juego en este acompañamiento terapéutico virtual.

En la actualidad, definimos al AT como un dispositivo en sí mismo. El término "dispositivo" es complejo tanto en su definición en la magnitud que intenta representar al nombrar al acompañamiento terapéutico como tal. Desde la etimología, conlleva el "estar dispuesto" (del latín *dispostus*) que refiere a una estructura, pero, a la vez, convoca a una posición. El dispositivo será entonces una estructura que se construye, en la que se ensamblan diferentes piezas de modo estratégico para alcanzar objetivos terapéuticos y en donde los engranajes se irán incorporando en la medida en que las necesidades del caso lo demanden. Por lo tanto, nunca van a soldarse puntos de apoyatura estancos, sino que la estructura necesaria del dispositivo estará marcada por la dinámica del devenir singular. Como mencionábamos, no solo la estructura debe estar dispuesta, sino también el/la at, lo que implica un anclaje en una posición ética, una operación continente de la contingencia subjetiva. El AT da lugar a aquello difícil de nombrar, de mirar, por la angustia que muchas veces genera (la vulnerabilidad, la desesperanza, los miedos, el desamparo, etcétera). Pero, ¿cómo efectuar una construcción subjetiva ante ese padecimiento si no hay un espacio para que el sujeto pueda tramitar aquello que lo conmueve? Si no propiciamos bordes que alojen los desbordes, ¿cómo puede el sujeto transformar algo de su propio atravesamiento? Aquí es justo donde la ética se vuelve protagonista y cómplice de la pregunta relativa a quién es que no tolera el despliegue del padecimiento del sujeto. La respuesta nos invita a posibles movimientos de los profesionales, que trabajamos ante la tempestad que azota los recursos psíquicos de quienes acompañamos, allí donde hay que estar realmente dispuestos.

Pues bien, contamos con una estructura, con una posición allí, pero, ¿qué hay del escenario sobre el cual la misma se monta? En AT existen elementos que ciñen su campo de intervención y que dan cuenta de la especificidad del mismo. Estos elementos definitorios son el trabajo en la vida cotidiana, pero también con ella, lo que delimita su escenario e incluye a todos los actores que son parte de la misma. Ello no solo determina un encuadre particular en el que las intervenciones serán pensadas en torno del acompañado/a y al contexto inmediato, sino que también forja lo vincular como punto nodal del acompañamiento terapéutico. Entonces, el otro elemento de taquilla es el vínculo. ¿Por qué poner el acento en lo cotidiano y en lo vincular? Porque es en la vida diaria donde los lazos sociales se tejen y la trama vincular se despliega, construyendo la subjetividad de cada actor.

Devenimos sujetos a través del vínculo con los demás; el otro tiene un lugar primordial en el proceso de constitución psíquica y de subjetivación. "Somos en la medida que somos con otros", señala Frank citando a Berenstein (2014). El at, a través de su presencia, irá observando y desde su posición desnaturalizará lo que la cotidianidad presente como establecido. Esto puede dar lugar a ciertos puntos de virajes de posiciones anulantes de la subjetividad que tienen como soporte el lazo y el vínculo como herramienta principal. Esto podrá suceder tras el establecimiento de la transferencia, tras el encallamiento, por determinado período, en ciertas dinámicas vinculares propias del sujeto que acompañamos. Sostenernos allí vislumbrando puntos de movimiento es una tarea no solo intensa, sino la de mayor riqueza en el at.

¿Cómo habilitar y sostener lo mencionado? Esto, por las particularidades y complejidades que conlleva, se ve zanjado por la mentada e ineludible labor con otros (trabajo en equipo, supervisión, etc.); en definitiva, por aquella estructura a la que nos referíamos. El trabajo en equipo será la pieza fundamental para orientar las estrategias que logren desplegarse en el terreno, y la supervisión clínica habilitará espacio para despejar actuaciones contratransferenciales y aspectos subjetivos del at que obstaculicen la labor ética que le compete.

Incluirnos como at en el servicio de contención y acompañamiento nos interpela acerca del dispositivo mismo de AT, acerca de nuestra intervención allí. Algunos de los cuestionamientos que impulsan este escrito y que mencionamos inicialmente son los siguientes: ¿cómo posibilitar la emergencia de lo terapéutico ante la evidente catástrofe y las dificultades que imprime la modalidad virtual? ¿Cómo se vehiculiza la clínica propia del AT en un contexto de virtualidad y mediante la escritura? ¿Qué nos permite continuar afirmando que allí hay AT? ¿Se presentan los elementos del dispositivo de acompañamiento terapéutico en esta experiencia? Para abordar estos interrogantes retomaremos algunas escenas de la práctica de AT, con el objetivo de producir un anudamiento entre praxis y teoría que bosqueje algunas respuestas.

Una consultante del servicio a quien llamaremos Ana inicia la comunicación con la at tras solicitar, en su decir, que le den "una mano". En carácter de urgencia, escribe: "Soy Ana, estudiante de Arquitectura; las clases son nuevamente presenciales, temo contagiarme de COVID. No sé cómo seguir, siento que no puedo, tendré que dejar de cursar, no logro parar de llorar, la angustia me devora".

En esta modalidad de AT (virtual y vía chat) hay distancia física, pero, no obstante, está presente la comunicación. La virtualidad posibilita un encuentro en tiempo real, sincrónico, mediado por la pantalla y la escritura, pero no permite la mirada como función en sí misma, como herramienta para pesquisar información ni para observar al sujeto y medir las intervenciones a realizar. El modo de alojar al otro, el respeto por sus tiempos y la escucha no pueden sostenerse por esa mirada noble que contiene o por aquella que se deja caer cuando es necesario. Aquí empieza a percibirse la complejidad: ya no contamos con ese recurso, por lo que hay que crear otros que lo suplan; es necesario poner la creatividad al servicio de la técnica. Podemos afirmar que, aun carente de la mirada, la presencia da su presente, se reinventan modos, se recrea constantemente el cómo. Transitar y trabajar en y con la cotidianidad se vuelve un desafío, pero, ¿no lo es también, acaso, en cada uno de nuestros AT? Aquí, las características de lo diario son las mismas, pero el modo de ingresar y transitar esos adentros es diferente. Hay que cementar otros recursos que promuevan eso; en este caso, dar tiempo a la existencia y consistencia del vínculo, que es lo que nos abre las puertas, pues no habrá recorrido por lo habitual sin él. Con esto nos referimos a que es ese lazo que preexiste, que antecede, el que da lugar al conocer, mediante la palabra escrita, aquello que entrama la cotidianidad. Lo propio de esta modalidad, marcada por la escritura, es que el orden aquí es relevante. Y, a la inversa de lo que sucede con otras modalidades de AT, aquí no se recorre junto al sujeto lo cotidiano y se gesta el vínculo en ese proceso de travesía, sino que es la construcción del vínculo la que dará a posteriori la apertura para recorrer la cotidianidad, en un más allá de la pantalla. En este tipo de AT será nodal la lectura de los ritmos y tiempos de escritura, el respeto por las pausas y las prisas del texto, la recepción empática y atenta de la palabra del sujeto y mantener una presencia respetuosa que posibilite el lazo que se creará progresivamente y habilitará el recorrido por lo diario, brindando posibilidades de intervención.

Recorrer con Ana su cotidianidad implicó primero una labor para habilitar, alojar y acoger la palabra, retomar su valor y ponerla a circular. Sin esto, se presentifica la imposibilidad del recorrido; así, todas las estrategias se ponen a disposición para salvaguardar este primer punto de complejidad. Al saber cuál era la carrera, fui buscando, en una ventana separada, si su facultad posee asistencia psicoterapéutica, compartí la información y acordamos un próximo encuentro. A la semana siguiente, en el día y horario establecidos, le pregunté cómo habían sido esos días. Ana respondió: "No hay turnos, no me escucha nadie, me siento una inútil, no doy más". Fui escuchando lo que ella traía; desde la posición ética humanicé su dolor y, en paralelo, fui dialogando con el supervisor de AT acerca de cómo acompañar a la joven, que se encontraba con mucha angustia y sin saber adónde recurrir. Desde allí creamos estrategias para anudar labor con los profesionales del equipo de psicoterapia, tendiendo puentes para asistir a la urgencia. En los siguientes encuentros escuchamos música que ella compartía conmigo por el chat, yo buscaba por YouTube libros que luego comentábamos. Así, día a día, fuimos construyendo y dando lugar a su padecimiento. Pensar con otro resultó aliviador, mediar el padecimiento por intermedio de esta presencia resultó terapéutico para ella.

Para finalizar, compartimos las palabras de Ana en el momento del cierre del AT realizado: "Llegué triste, no sabía qué hacer y fuiste una tabla de salvación en mi naufragio; me sentí escuchada, acompañada, no cuestionada".

Este caso representa una de las tantas escenas vivenciadas en esta modalidad virtual escrita, y da cuenta de cómo el andamiaje del dispositivo de AT se gesta de modo estratégico, sosteniendo los elementos del mismo con una nueva impronta y con orden relevante. Podemos pensar que este dispositivo innovador estuvo atravesado por las características propias de todo AT, pero con la necesidad de recursos propios dado lo específico de esta novedosa modalidad. La esencia de la mirada del at, humanizarte y ética, se sostuvo acuñando la escritura; no solo el sujeto debió delimitar su posición subjetiva y su padecer mediante la palabra escrita, sino que también el acompañante terapéutico debió zanjar su escucha, mostrar su disponibilidad e incluso realizar sus intervenciones bajo la misma premisa.

Cerramos este trabajo con una cita de Migueles Morisconi (2020):

> Sí existe voluntad de encuentros a través de la palabra, de la imagen de la posibilidad de compartir algo, hay una terapéutica posible. Porque no se trata de mensajes que uno manda a lo bestia. Hay una búsqueda a partir del conocimiento previo para generar algún enganche posible en términos humanos y terapéuticos en estas circunstancias tan adversas.

Bibliografía

Dragotto, P. y Frank, M. L. (2012). *Acompañantes.* Brujas.

Frank, M. L. (2014). *Acompañamiento terapéutico y vida cotidiana.* Ficha de cátedra. Tecnicatura en AT. UNC, Córdoba.

Frank, M. L. y Guzmán, M. (2022). *Acompañamiento como dispositivo.* Ficha de cátedra. Tecnicatura en AT. UNC, Córdoba.

González, K. (2020). *Relevancia de trabajo en equipo en el acompañamiento terapéutico.* Ficha de Cátedra. Tecnicatura en AT. UNC, Córdoba.

Kuras de Mauer, M. y Resnizky, S. (2008). *AT. Actualización teórico-clínica.* Letra Viva.

Migueles Morisconi, S. (2020). *El cuerpo en el espacio público y mientras tanto, la pandemia el cuerpo y el acompañamiento terapéutico (reflexiones de cuarentena).* Edición Otro Verde.

Ponce L., González C. y Rossi A. (2020). Estudio de consultas a un servicio de contención y acompañamiento durante la pandemia de COVID-19. Anuario de Investigaciones de la facultad de Psicología IV Congreso Internacional y VII Congreso Nacional de Psicología. Revista *Ciencia y profesión.* Vol. 5, N° 2, pp. 89-116.

SEGUNDA PARTE

Dispositivos comunitarios en acompañamiento terapéutico

Capítulo 7

Acompañamiento terapéutico comunitario

Graciela Bustos

> *Una desgracia que encuentra las palabras para ser dicha ya no es una exclusión radical. El lenguaje nos reintegra a la comunidad humana.*
>
> **Simone de Beauvoir**

En la actualidad, los paradigmas en el campo de la salud han cambiado y emergen nuevas demandas de los grupos sociales más vulnerables, que exigen un Estado presente que cree políticas sanitarias y sociales para garantizar su integración. Esto obliga a los profesionales de la salud a repensar las teorías que iluminan sus prácticas, a generar nuevas intervenciones que den cuenta de las innumerables problemáticas que se presentan a diario en las instituciones de salud o de acción social, cada vez más complejas y difíciles de abordar desde un solo campo disciplinar.

Las personas a las que acompañamos desde las instituciones públicas pertenecen en su mayoría a sectores sociales con carencias en cuanto a alimentación, vivienda, oportunidades educativas y empleo estable; algunos sufren violencia doméstica e intracomunitaria y viven en situaciones de extrema vulnerabilidad social. Muchas veces, por diversas razones, estos sujetos están escindidos de las redes que podrían ofrecer contención, amparo y protección.

Son varias las generaciones que han vivido con necesidades básicas insatisfechas; y esto ha impactado en su modo de comunicarse, de vincularse, de percibir el mundo; sus capacidades psíquicas están empobrecidas, viven en la inmediatez, les cuesta problematizar su situación para realizar análisis más complejos de su realidad y encontrar respuestas a sus demandas y necesidades.

"Vulnerabilidad" es un término polisémico, con muchos matices, por eso nos vamos a enfocarlo en dos aspectos:

> (...) una vulnerabilidad antropológica, entendida como una condición de fragilidad propia e intrínseca al ser humano, por su ser biológico y psíquico, y una vulnerabilidad sociopolítica, entendida como la que se deriva de la pertenencia a un grupo, género, localidad, medio, condición socioeconómica, cultura o ambiente que convierte en vulnerables a los sujetos. (Ricoeur, 2008)

Existen poblaciones en las que algunos miembros son más vulnerables que otros en su aproximación a la asistencia sanitaria y comunitaria, por eso la tarea de los equipos y, en especial, del acompañante terapéutico (at), debe apuntar a generar espacios de encuentro para escuchar y pensar las demandas vinculadas a situaciones relacionadas con conductas de riesgo, violencia doméstica, consumo de sustancias y muchas otras problemáticas que condicionan el bienestar y comprometen la salud de la población asistida.

Con este nuevo dispositivo de atención se busca dar respuesta a necesidades específicas de sujetos o grupos que requieren apoyo y solicitan nuestra intervención para superar situaciones que ponen en riesgo su subjetividad e incluso su subsistencia.

Las transformaciones epocales han incidido en nuestro campo de trabajo (la modernidad líquida de la que nos habla Bauman, 2020); se han fragilizado las instituciones que antes garantizaban cierto amparo y protección, vivimos en la inmediatez, en un presente perpetuo y el futuro para muchos grupos sociales está cancelado. No hay posibilidad de pensar proyectos vitales y posibles a corto o largo plazo.

Hoy se demanda la tarea de acompañamiento terapéutico desde áreas distintas a salud, en las que se implementó el dispositivo por primera vez, como por ejemplo la Secretaría de Acción Social en San Luis, el Polo de la Mujer en Córdoba o centros comunitarios en la provincia de Buenos Aires. ¿Qué hacemos allí? ¿Debemos intervenir? ¿Con qué herramientas? ¿Desde qué marco teórico? ¿Cuál es nuestro aporte? Estas y otras muchas preguntas atraviesan a los at y a los equipos que los convocan.

¿Qué podemos ofrecer desde el acompañamiento terapéutico (AT) para encontrar alguna opción, algún camino que nos permita recuperar espacios para pensar y dar salida al malestar?

Por lo general nos incorporamos sin tener en claro la modalidad de abordaje que se espera o necesita, pero convencidos de que podemos aportar una mirada y un quehacer diferente, que busca aliviar parte del sufrimiento que atraviesan esas personas y brindar contención.

Proponemos pensar un dispositivo de intervención que resguarde lo propio del AT pero que, a su vez, se abra a lo diferente, a lo inexplorado, pues se ingresa sin brújula ni mapa a un territorio desconocido, donde se generan modalidades inéditas de lo vincular. El sujeto al que nos aproximamos se encuentra invadido por la incertidumbre, el desvalimiento y la perplejidad que le impiden pensar con claridad sobre su situación, conectarse con sus emociones y sus deseos. Muchas veces, además, está escindido de las redes familiares, sociales y comunitarias que podrían resguardarlo.

Apostamos a generar un dispositivo vincular que genere seguridad y contención desde una posición implicada, respetuosa, responsable, con disponibilidad para escuchar desde la paridad, sostener desde la mirada y la presencia. Y, a la vez, apostamos a trabajar y fortalecer los vínculos de estas personas con las redes sociales más próximas a ellas y a su grupo familiar.

La vida se da en un entramado con otros, por eso es necesario reconstruir el lazo social, la confianza, la solidaridad entre pares, pues esto produce efectos en el modo de pensar y de sentir, y mitiga el sufrimiento.

El dispositivo de AT en la comunidad es un instrumento o recurso demandado en la actualidad para la restitución de derechos. Exige un diseño particular en cada caso específico, para posibilitar la articulación de diversos procesos entre los sujetos, las instituciones y la comunidad. Es preciso cuidar el primer contacto con la persona que consulta, generar un acercamiento diferente, brindar desde el primer momento un sistema de apoyo en territorio y fortalecer el trabajo en red y la tarea multisectorial e interinstitucional. Se trata de albergar solicitudes diversas: desde la contención personalizada al sujeto que demanda, el acompañamiento para la realización de trámites, las consultas sobre salud y la intervención en quehaceres que implican un grado de resolución complejo, hasta actividades recreativas, expresivas y culturales vinculadas a la integración sociocomunitaria del sujeto o su grupo familiar.

Estos son nuevos dispositivos de nivel intermedio, con dinámicas de trabajo individual o grupal y con sede en instituciones de la comunidad, cuyo enlace clave es el acompañante terapéutico, en un intento por configurar un espacio de trabajo distinto para aproximarse a los sujetos aislados o en riesgo.

Otro instrumento por excelencia que permite este tipo de abordaje son los dispositivos grupales, que se multiplican a través de una variedad de talleres, grupos de autoayuda, operativos, comunitarios, entre otros. Es por eso que, en la actualidad, muchos at trabajan dentro de espacios grupales, ocupando diversos roles, entre ellos incluso el de coordinación. De ahí la importancia de que se capaciten en el manejo de las técnicas grupales en su formación de grado.

Este tipo de abordaje en el ámbito comunitario tiene sus límites, y por eso no sustituye otro tipo de atención sanitaria o de acción social, sino que busca articular con ellas y a veces integrarse. La presencia del at en el contexto comunitario es un posible enlace para facilitar el acceso a las prestaciones de diversas instituciones estatales y resguardar derechos.

En el campo comunitario, el at puede trabajar de modo paralelo, con sujetos o grupos y diversos estamentos del Estado cuya función es ampararlos, protegerlos y acompañarlos para que superen determinadas problemáticas de índole social. Muchas veces el acompañante terapéutico funciona como una bisagra o suple un déficit que tienen las instituciones para aproximarse al sujeto y su familia; son los garantes de establecer vínculos empáticos que permitan que el otro se exprese y sus demandas sean escuchadas por instituciones que se han burocratizado y obstaculizan el acceso de las personas a las prestaciones que les corresponden.

Es decir que el objetivo primordial de estas intervenciones es la articulación y la integración de estos abordajes a otros dispositivos más específicos para la problemática que se está trabajando.

Pensamos entonces en un nuevo espacio de intervención, con encuadre y características de abordaje diferentes a la de la clínica, pero sin perder su impronta vincular, como especificidad del rol y la función. El AT es una práctica vincular particular; esta experiencia está fundada en el valor terapéutico de la presencia del Otro. El vínculo at-acompañado debe ser capaz de soportar la diversidad y la singularidad del otro.

El punto de partida de nuestra inserción comunitaria debería ser el conocimiento de la realidad a transformar, qué riesgos corre el sujeto, cuáles son sus necesidades manifiestas y también las latentes (que suelen estar como determinantes poco visibles).

La primera tarea del at en el trabajo comunitario es conocer la realidad de los eventuales acompañados tal como ella es, donde están todas las carencias y sufrimiento, y a la vez visualizar los lazos solidarios, fraternos que conservan, y sus nuevas formas de existencia, de organización, de expresión. Es necesario superar las propias resistencias a aceptar que nos dirigimos hacia una realidad desconocida, ajena en muchos aspectos: valores, creencias, costumbres y tradiciones. Junto con los acompañados transitaremos calles y lugares en los que somos visitantes y, si tenemos un comportamiento realmente científico, aprenderemos cosas nuevas.

La inserción en la comunidad nos permite descubrir otros campos de trabajo, de relaciones y vínculos comunitarios e intersectoriales. En esa necesaria exploración y conocimiento de la realidad, nuestras herramientas se irán adaptando: algunas desaparecerán, surgirán otras nuevas forjadas en el vínculo y las utilizaremos mientras resulten válidas para el cumplimiento de los objetivos del dispositivo de ATC.

El acompañante terapéutico comunitario instituye, crea un dispositivo cuyo objetivo principal es la promoción de la salud; se trabaja con personas con marcadas dificultades para establecer lazos con su entorno más próximo. La tarea está orientada a preservar los aspectos saludables que se han conservado, apoyándonos en los soportes sanos del psiquismo. Se promueven actividades que incidan en la subjetividad y los habiliten a nuevos movimientos; se corre al sujeto de la posición de objeto a la categoría de sujeto, visibilizando sus demandas, sus necesidades, sus deseos y sus derechos.

Nos proponemos explícitamente no centrarnos en ninguna lectura psicopatológica; por el contrario, pretendemos abrir un espacio para apuntalar los aspectos saludables que cada persona preserva, a pesar de la problemática. El at se postula como Otro disponible para vincularse y garantizar el apuntalamiento psíquico necesario para que el sujeto emerja como tal (Kaës, 1991).

En estos dispositivos se privilegia la intervención desde la presencia; muchas veces se requieren intervenciones que no están centradas en el discurso, sino en acciones u omisiones de las que el at debe ser plenamente consciente, y que permiten el manejo de otros lenguajes como el corporal, gestual, que habilita otros caminos para la comunicación y el encuentro.

Berenstein (1998) sostiene que "el vínculo se origina en un intento de resolver una falta, una condición de desamparo originario. Requiere una relación entre un yo y otro cuya presencia es imprescindible para la construcción de la realidad psíquica vincular".

Nuestra mirada se centra en lo intersubjetivo y en las redes con que cuenta cada acompañado; nos proponemos reconstruir tanto los apoyos internos como los externos. Buscamos armar y sostener vínculos empáticos que permitan al otro expresarse.

El rol del acompañante terapéutico se adecua al contexto y emerge como mediador, como facilitador del acceso a ciertos recursos, en situaciones en las que el sujeto no puede hacerlo por sí mismo; calma ansiedades, establece tiempos de espera, acompaña, ayuda a moderar las expectativas, sostiene en los momentos de frustración, de miedo, de desazón. El at tolera y acepta que estas personas tengan tiempos diferentes para acceder al conocimiento, para incorporar normas sociales, para establecer vínculos, para comunicar sus necesidades, para constituirse como sujetos; da lugar a la singularidad, alberga esa particular forma de ser y estar en el mundo; a partir de su presencia comprometida muestra *in situ* las posibilidades de socialización e inserción de estas personas. Abre nuevos espacios de acción y fortalece la posibilidad de análisis de la situación y el juicio crítico del sujeto.

Otras veces, la incorporación del acompañante terapéutico en espacios comunitarios para colaborar y acompañar a realizar trámites y/o gestiones contribuye a mejorar la autoestima y la autonomía de los sujetos asistidos, al sentirse integrados y capaces de realizar la tarea propuesta.

Si se consigue establecer un vínculo contenedor, el sujeto acompañado se siente escuchado, sostenido, apoyado y puede pensar su situación de una manera diferente, encontrar otra salida; disminuye su angustia y se habilita la capacidad de pensar nuevas estrategias. Cuando esto se logra, el salto cualitativo es manifiesto, el yo del sujeto se fortalece, se siente seguro de sus acciones, expresa con mayor claridad sus necesidades y deseos, lo que garantiza una mejor integración social y asegura su inserción en su comunidad.

Existen experiencias recientes que amplían el campo de trabajo de los acompañantes terapéuticos –por ejemplo, en los temas de género y violencia–, que exigen revisar el rol y la función instituida, para abordar estas áreas que tienen su propia especificidad y que instan a trabajar en la restitución de derechos.

Cuando nos convocan a estos espacios, generalmente encontramos personas cuya subjetividad está en riesgo, como consecuencia de haber estado sometidas a vivencias de indefensión, desamparo, temor e incertidumbre durante largo tiempo. Estos sujetos atraviesan una crisis sostenida de los marcos de significaciones y sentidos que afecta su sociabilidad y su identidad individual y colectiva; sufren y se sienten solos.

Las colegas que trabajan en cuestiones de género han reformulado el rol y la función de los acompañantes terapéuticos y plantean un nuevo horizonte en la tarea de acompañar y asistir, estableciendo un posicionamiento ético imprescindible para la realización de la labor:

> Hay una necesidad imperiosa de hacer cuerpo, de acompañar con disponibilidad afectiva, alojando en un vínculo asimétrico que deja fuera cualquier perjuicio, a aquellas mujeres que necesitan salir de ese círculo de la violencia y solas no pueden. (Pozzerle *et al.*, 2021)

> Las acompañantes con disponibilidad afectiva y mental generan con su presencia un tiempo y un espacio diferente que pone por un momento en suspenso e interpela las presiones de la vida cotidiana, la familia, el control social. Una presencia sin vacilación, que da seguridad, confianza, no asusta y acompaña a pensar, a sentir, a empezar a reconocer qué necesita y elegir qué hacer. (Frank, 2021)

Estas intervenciones posibles nos muestran la versatilidad del rol y la función, sin perder la esencia: generar un vínculo que promueva el trabajo intersubjetivo que habilite el despliegue del deseo y la autonomía del sujeto.

El at construye con el acompañado un vínculo que le permite operar simultáneamente en una trama horizontal que estimula la subjetividad pero cuya eficacia opera sincrónicamente en sentido vertical, construyendo legalidades en el marco de la cultura y vinculando al sujeto con su entorno. Las tramas horizontales develan la existencia de investiduras y lazos significativos en cualquier momento de la vida. Las marcas e improntas de estos vínculos posibilitan fundar con otros los espacios que habilitan el devenir del sujeto, una acción transformadora donde se juegan las semejanzas, las diferencias y la ajenidad (Resnizky y Kuras, 2011).

En campo del ATC están surgiendo intervenciones breves, focalizadas en sujetos o grupos que requieren acompañamiento, escucha y orientación, guiadas por los equipos interdisciplinarios que coordinan las acciones en diferentes instituciones estatales o privadas.

Se trata de un abordaje simple, breve, efectivo y eficaz para ayudar a las personas a habitar espacios para pensar y plantearse preguntas a partir de una presencia confiable, que escucha y contiene a través del gesto y la mirada, con respeto por los tiempos de cada uno, sus recursos y sus valores, y que brinda información y acompaña. Son sujetos que intentan resolver, tramitar o elaborar una problemática que los angustia e invalida y lo que buscamos es potenciar sus capacidades para comenzar a establecer cierto lazo que les permita sentirse seguros para producir algún cambio.

El énfasis está puesto en lo subjetivo, lo relacional, lo contextual y lo procesual. Permite considerar la vulnerabilidad del sujeto como factible de ser superada, si lo acompañamos en ese tramo de su vida; en esto reside la clave de una acción preventiva, promotora de salud, de acompañamiento, que pueda minimizar, paliar o evitar condiciones que sostienen el sufrimiento, en situaciones de vulnerabilidad individual y social.

La implementación de las intervenciones breves y focalizadas como método de acompañamiento genera un mayor impacto preventivo en la población asistida y permite proporcionar apoyos activos y efectivos en momentos cruciales.

Se trata de una nueva modalidad de atención desde una perspectiva de derechos que respeta la autonomía del sujeto, protege su condición de ser humano y promueve su derecho a la autodeterminación. Estamos formulando una modalidad de atención diferente, una posibilidad de acción por fuera de los dispositivos tradicionales en la que se prioriza el bienestar y la prestación se realiza en el contexto donde se desarrolla la vida cotidiana de ese individuo, y se puede llevar adelante desde cualquier institución que resguarde la salud, los derechos de las personas y de la comunidad.

El objetivo final es construir y facilitar un espacio de escucha diferente, además de articular con otros efectores (salud, acción social, justicia, educación) para garantizar el pleno ejercicio de derechos y derivar ante la emergencia.

El dispositivo de acompañamiento terapéutico comunitario (ATC), al servicio de los sujetos y su comunidad, es una nueva herramienta para paliar el dolor, el sufrimiento y encontrar un camino posible hacia la salud. Es importante aclarar que esta nueva modalidad de intervención está en construcción y todavía falta conceptualizar las recientes experiencias en este campo, para fortalecer el cuerpo conceptual y teorizar sobre el valor terapéutico de estas prácticas.

El acompañante terapéutico en el espacio comunitario promueve acciones preventivas y de promoción de la salud; realiza múltiples tareas: orienta, efectúa seguimientos, articula con otras instituciones o diferentes sectores (públicos o privados); acompaña en procesos de reinserción social; favorece los procesos de fortalecimiento subjetivo, situando la mirada en las potencialidades de cada sujeto, para que logre una conciencia crítica, cuestionadora, que supere los mandatos del entorno y la opresión de la pareja, familia o medio social y pueda así recuperar su lugar en la comunidad como ciudadano de pleno derecho.

Bibliografía

Bauman, Z. (2020). *Modernidad líquida*. Fondo de Cultura Económica.

Berenstein, I. y Puget, J. (1998). *Lo vincular. Clínica y técnica psicoanalítica*. Paidós.

Frank, M. L. (2021). Desafíos y abordajes en el Acompañamiento Terapéutico Red. Revista virtual *Info ATRA* N° 10. Córdoba.

Kaës, R. (1991). Apuntalamiento y estructuración del psiquismo. *Revista de Psicología y Psicoterapia de Grupo*, Tomo XV, N° 3.

Milanece, E. (2012). *Tratamiento comunitario. Manual de trabajo I*. Empodera, Secretaría Nacional de Políticas sobre Drogas. Brasil.

Pozzerle, J.; Góngora L.; De la Vega, C. y Pereyra, A. (2021). Acompañamiento en la ruta crítica de las mujeres en situación de violencia. Revista virtual *Info ATRA* N° 10. Córdoba.

Resnizky, S. y Kuras, S. (2011). *El acompañamiento terapéutico como dispositivo*. Letra Viva.

Ricoeur, P. (2008). Autonomía y vulnerabilidad. En *Lo justo. Estudios, lecturas y ejercicios de ética aplicada*. Trotta.

Capítulo 8

Acompañamiento terapéutico: abordaje vincular en lo comunitario

María Laura Frank

El acompañamiento terapéutico es un dispositivo vincular que surge en el ámbito de la clínica. Su expansión exponencial le permitió anidar en nuevos campos y áreas, en los que demostró ser eficaz y pertinente. Actualmente, recibimos una demanda insistente en el ámbito de lo comunitario. Creemos que el acompañamiento puede realizar intervenciones adecuadas en él, pero supone el desafío de repensar el rol.

Recordando los inicios, podemos afirmar que la emergencia y consolidación del acompañamiento terapéutico es un acontecimiento en el campo de la salud mental, pues constituye un recurso novedoso en el ámbito de los abordajes terapéuticos desde el paradigma establecido por las leyes de salud mental y desde una perspectiva de derecho que contempla el resguardo de la subjetividad.

El acompañamiento terapéutico emerge de las prácticas en salud mental, en el ámbito clínico, en un contexto de búsqueda de alternativas para el abordaje de sujetos con padecimientos graves (psicosis, adicciones y otros), ligado a las ideas que promueven la subjetividad evitando intervenciones estandarizadas, adaptacionistas e internaciones innecesarias.

A través los textos recorridos, observamos que el acompañamiento terapéutico surge como una oferta vincular, en el contexto de tratamientos de difícil abordaje de pacientes severamente perturbados y/o con dificultad de adhesión a los mismos. En esta modalidad de acompañar terapéuticamente podemos identificar características específicas de los vínculos que se instauran y que se diferencian de otros. Un acompañar que deviene terapéutico.

La bibliografía subraya el componente grupal y aventurado del surgimiento del acompañamiento terapéutico, en un momento coyuntural de búsqueda de alternativas, cuando los recursos de los que se disponía no eran suficientes para sostener los tratamientos desde un nuevo paradigma y hacía falta algo nuevo.

Quiero rescatar esta dimensión: es la inscripción novedosa del acompañamiento terapéutico en la búsqueda de alternativas, insertándose en nuevas áreas, abriendo puertas y creando puentes. Este mismo aspecto promotor de aperturas subjetivantes de la mano de la oferta vincular singular es lo que posibilita la incorporación del acompañamiento terapéutico en nuevos escenarios.

Si efectuamos un breve recorrido, veremos que el AT surgió como una función (Bustos, 2013) que desarrollaban diferentes agentes en el campo de los abordajes clínicos en salud mental, en el marco del equipo interdisciplinario y los abordajes terapéuticos. Luego se fue inscribiendo como un rol en reconocimiento al lugar que fue ocupando en los tratamientos. Esto no fue ajeno a la lucha de los acompañantes y las asociaciones que los nucleaban en la búsqueda de la legitimación de su accionar.

En nuestro país, el acompañamiento terapéutico se mantuvo ligado a los tratamientos en salud mental, con gran demanda, posiblemente debido a su eficacia terapéutica, que imprime la posibilidad de abordar lo singular del caso por caso en lo cotidiano.

Así, el rol se fue construyendo de la mano del modelo clínico y los abordajes en salud mental. Ubicamos al acompañante en el marco de un equipo interdisciplinario en salud, dentro o fuera de una institución, en abordajes individuales, familiares o grupales.

Los abordajes en la clínica se implementan comenzando en una demanda, un padecimiento psíquico, un diagnóstico, una dirección de la cura a partir del sufrimiento que llama, un síntoma que avasalla, la angustia que paraliza. El rol y la función del acompañante han ido haciendo un recorrido en este sentido. En esta lógica, trabajamos con un encuadre, un diagnóstico y una estrategia singular adecuada al proceso terapéutico. Reconocemos la figura del terapeuta/psiquiatra/psicopedagogo como quien lleva adelante la estrategia de tratamiento. Los acompañantes trabajamos en equipos interdisciplinarios del campo de la salud mental, coordinando las estrategias y diagramando objetivos terapéuticos.

El mundo se transforma; cambian los sufrimientos y también los paradigmas, los dispositivos de abordaje. La demanda de acompañamiento terapéutico se amplía, se multiplica y conlleva un desafío.

Desde hace un tiempo, nos vemos implicados en la necesidad de responder a la demanda en problemáticas que no pertenecen necesariamente al ámbito "clínico". Son situaciones relacionadas con la vulnerabilidad, la violencia, la pandemia, los duelos, las vejeces, contextos en los que el sufrimiento y el dolor pueden ser acompañados, abordados desde la perspectiva que nos propone el acompañamiento terapéutico.

La actitud despierta de los acompañantes que toman el legado de la búsqueda de recursos novedosos los llevó a introducirse en caminos que se alejan de lo clínico y conducen a lo social, lo comunitario, la prevención...

Se trata de problemáticas en las que el dolor, el desamparo y la soledad pueden ser insoportables; un sufrimiento desolado a espaldas de la sociedad y los círculos sociales. Problemáticas en las que no hay diagnósticos psicopatológicos, en donde la consulta psicológica/psiquiátrica no es lo principal. Donde el padecimiento engloba a otros, a los familiares, a los niños. A veces, la sociedad, el entorno forma parte, a través de los prejuicios.

La lógica de la complejidad nos permite comprender en términos de multiplicidad de factores emergentes y de relaciones que se ponen en juego a la hora de acompañar; ya no alcanza un pensamiento que pretende la simplicidad que nos allana el camino y nos hacía sentir seguros con situaciones simples, con resultados del tipo causa-efecto.

Ante esta encrucijada los acompañantes nos encontramos repensando nuestro rol: ¿qué debemos cambiar? ¿Debemos cambiar?

Los acompañantes en lo comunitario abordan las problemáticas para las que son convocados con las herramientas que construyó el dispositivo.

Retomando la noción del acompañamiento como una práctica vincular, podemos ir pensando algunas de las características del dispositivo del AT que nos permiten pensar abordajes subjetivantes en el ámbito comunitario.

La trama vincular que sostiene el acompañamiento terapéutico está conformada por el trabajo con otros. Los at están entrenados para abordar las situaciones más complejas en trabajos interdisciplinarios; conforman equipos, arman redes. Es un trabajo "entre", que se va construyendo de manera convergente entre todos los sujetos incluidos en el proceso (profesionales, acompañante, acompañado, familia, otros). El campo se conforma de manera poco previsible, de modo espontáneo, a medida que se despliegan el dispositivo y el proceso. "Hacer equipo es una tarea primordial del acompañante, especialmente al principio de un caso" (Frank y Dragotto, 2012, p. 85).

En lo comunitario, los acompañantes arman redes, configuran instancias de construcción colectiva con agentes de salud, con abogados, maestras, trabajadoras sociales, etcétera. La posibilidad de abordar estas situaciones a las que somos convocados no es en soledad; el dispositivo del acompañamiento terapéutico armará una red que contenga no solo al acompañado sino a la estrategia, de manera tal de no perder el horizonte y realizar un acompañamiento que no se paralice en la angustia, en la pena, en el miedo; que pueda sostenerse en la posibilidad de pensar con otros su lugar en la trama vincular, desde la posición ética y la abstinencia.

Para los abordajes en problemáticas diferentes a la salud mental, el trabajo en lo cotidiano se torna una herramienta esencial, y los acompañantes están entrenados para eso. No están acostumbrados a los consultorios, a los que recurren solo si es necesario ir con el acompañado para dar continuidad a una consulta o una estrategia. Los acompañantes ingresan en el universo del acompañado, transitan la calle y comparten su mundo, sin formar parte de él. Con su presencia, el acompañante genera una posibilidad, pone en evidencia modalidades relacionales, secretos familiares, emergentes institucionales al lado del acompañado. Eso le permite a este recorrerlo, asumirlo y enfrentarlo junto a otro.

Palombini (2016) sostiene que, en los casos más complejos, los equipos de acompañamiento intentan "sustentar la escucha singular de los sujetos en causa –sujeto de deseo, pero también sujeto de derechos–, de forma que la clínica se ve necesariamente entrelazada a la política" (p. 273).

En el AT, los vínculos alojan el sufrimiento, construyen redes que van haciendo cambios a los fines de sostener la emergencia del sujeto, a la vez que develan situaciones ocultas. Los dispositivos son máquinas de hacer ver, de hacer hablar y también de silenciar, invisibilizar. Esta característica del acompañamiento es central incluso en estas nuevas áreas de inserción, ya que aloja lo que se habla tanto como lo que se calla, lo que se ve y lo que se oculta. Tiene en cuenta los juegos de poder con una mirada crítica en cuanto a su lugar, para no ejercerlo.

El dispositivo de acompañamiento terapéutico se construye en una trama vincular cuyo protagonista es el encuentro acompañado-acompañante, pero no es solo eso, sino que está conformado por la red que se construye entre los otros que participan de ella, así como el espacio de supervisión y de la terapia del acompañante, como todo aquello que rodea ese encuentro, lo cotidiano, la familia, lo político, lo socioeconómico, la política en relación a la salud/género/discapacidad, la economía, las coberturas de las obras sociales y de los hospitales e instituciones, lo actual, lo epocal, los atravesamientos culturales. Esta disposición del dispositivo de alojar e intervenir en la compleja trama vincular, en movimiento permanente, otorga al AT la posibilidad de devenir una práctica vincular subjetivante.

Los acompañantes encaramos las problemáticas para las que somos convocados por fuera de los abordajes en la clínica, con algunas herramientas conocidas –para lo cual estamos entrenados– y con otras que tenemos el desafío de construir.

Hemos referido hasta aquí la capacidad de armar red, aunque en estas circunstancias no seamos especialistas en salud mental, y trabajar junto a otros para repensar estrategias. A través de los espacios de supervisión y el propio análisis, los acompañantes podemos ir despejando el campo para intervenciones más efectivas.

Por otro lado, la habilidad de trabajo en lo cotidiano le brinda al AT la mayor herramienta para estas circunstancias.

Estos pilares del dispositivo son partes fundamentales de la trama que va a permitir al AT acompañar en estos casos, en estas problemáticas.

Pero es la manera de estar con otro lo que hace del acompañamiento un eslabón importante en todos sus abordajes. Las características que adopta el vínculo acompañado-acompañante son singulares y diferentes de las de otros modos de relación. Una de ellas es la vincularidad (Resnizky, 2016): podemos inscribir al AT como una práctica vincular en lo cotidiano. El nexo con otro posibilita que los encuentros generen transformaciones subjetivas. Entendemos que la subjetividad se construye en un proceso permanente a partir de encuentros significativos, como puede ser el vínculo con el acompañante.

En ese sentido, Rodulfo (2013) describe diferentes lugares donde se trama la subjetivación en la infancia, descentrando y desmitificando algunos conceptos clásicos del psicoanálisis tradicional. Refiere que la familia no es la única instancia de subjetivación: también lo son los pares, el colegio, las pantallas y lo ficcional. La potencialidad de disponer de diversas instancias subjetivantes –cada una con sus características, sin que ninguna sea candidata a presidir un centro– otorga mayor riqueza y capacidad de construir instancias promotoras de subjetividad. El otro, la cultura, los pares y el acompañante, en esa línea, pueden ofrecerse como lugar de subjetivación, incluso en la adultez.

Podemos pensar al vínculo con el acompañante como una instancia subjetivante, ya que en el encuentro que se genera es capaz de producir nuevas inscripciones. Najmanovich (2005, p. 46) afirma que "no nacemos sujetos, sino que devenimos tales en y a través del juego social". Refiere que el sujeto no es una sumatoria de capacidades, propiedades o constituyentes elementales; es una organización emergente, que solo adviene como tal en una trama relacional de su sociedad.

Resnizky (2016, p. 24), por su parte, sostiene que al habilitar "nuevos territorios existenciales" surgen otras instancias de subjetivación. Encuentros significativos pueden producir nuevas marcas, ya que el proceso de subjetivación continúa a lo largo de toda la vida.

El acompañamiento terapéutico propone el encuentro con otro, que se presenta como semejante, diferente y también ajeno, permitiendo a alojar la alteridad. El respeto del otro como tal, y su manera de vivir el mundo, es fundamental en los dispositivos de AT y marca una diferencia con otros lazos del entorno del sujeto. El acompañante es un extraño que ingresa al mundo cotidiano del acompañado, impone con su presencia el trabajo psíquico que implica vincularse.

El vínculo en el acompañamiento terapéutico se construye en encuentros que no son anticipables y emergen en la inmanencia de la situación, que están siendo, en movimiento a partir de los avatares del dispositivo en lo cotidiano. Podemos decir que incluyen la tensión entre lo que se repite y el azar, lo nuevo que aparece como acontecimiento.

El at, como extranjero, hace la oferta de una presencia comprometida en lo cotidiano del otro, con consecuencias en la trama subjetiva. La presencia es aquella cualidad del otro que incide fuertemente en mí como sujeto o, si es mía, incide en el otro, impone una marca; me, lo y nos modifica. Transitar y sostener dicha experiencia requiere un trabajo vincular, por lo cual la presencia es motor del vínculo y produce efectos, ya que es instituyente de marcas inevitables a toda relación. El acompañamiento terapéutico es una presencia comprometida, un estar presente con disponibilidad afectiva y mental desde la ética del acompañar.

En el AT los vínculos se inscriben en diferentes lógicas: paradojales, suplementarias, de la complejidad, de la diversidad. Se sostienen en la vigencia de una legalidad horizontal fraterna inmanente, productora de subjetividad y con posibilidad transformadora.

Podemos decir que el acompañante "opera por presencia" (Bustos, 2013); que su presencia allí, en lo cotidiano, es en sí misma una intervención, impone un esfuerzo de trabajo psíquico y genera una permanecía de su presencia aun en ausencia. La presencia de alguien ajeno a ese mundo, sostenida con regularidad, con compromiso, con disponibilidad psíquica y afectiva imprime uno de los componentes esenciales del dispositivo. No solo devela aquello oculto, sino que genera instancias de posibilidad para que acontezcan nuevas inscripciones.

El acompañante genera con su presencia un tiempo y un espacio diferentes, que dan lugar a preguntarse por las pérdidas, a tramitar los duelos, tolerar los conflictos, soportar la vivencia de vacío, los rituales, los silencios, el rechazo, el desencuentro con los otros. Allí se juega un trabajo psíquico que los implica a ambos.

Chaui Berlink toma el concepto de *placement* de Winnicott que es "ofrecer un lugar":

> El *placement* es de hecho un gran modelo para el acompañamiento terapéutico, una vez que, en el ejercicio de su función, el acompañante básicamente ofrece *un lugar* para su paciente en contraposición al espacio puesto de manera opresiva por el cotidiano familiar y social (...) El acompañamiento terapéutico es así el encuentro que permite crear otro espacio-tiempo y, por lo tanto, un nuevo orden de vida que tenga sentido para lo acompañado. (Chaui Berlink, 2016, p. 14)

Entonces, el acompañamiento terapéutico es instituyente, genera un espacio que da lugar al deseo, permite hacer algo diferente con el malestar y, desde lo simbólico, accede a dar nuevas respuestas a los conflictos que insisten en ese tiempo y lugar. A su vez, produce un anudamiento con su entorno social y cultural que amplía los espacios intersubjetivos; los otros (familia, vecinos, amigos) son incluidos en el transcurso del acompañamiento en la vida cotidiana.

Como dijimos, la subjetividad está en permanente construcción; el dispositivo de AT posibilita movimientos en lo intra, lo trans y lo intersubjetivo, produciendo movimientos inéditos al circular e intervenir en el mundo del sujeto, sus relaciones y su mundo social cultural.

¿Como se juega esto en otros contextos, alejados de la clínica?

Vamos a plantear algunas situaciones en las que, en los dispositivos de AT, en pandemia y frente al aislamiento social impuesto, los acompañantes rápidamente construyeron estrategias y buscaron la manera de acompañar primero a sus acompañados y luego a la sociedad. En distintas provincias del país se implementaron dispositivos para contener y acompañar a la población en general, creando servicios que permitieran escuchar, contener y alojar a aquel que se sentía desbordado, devastado, con un incremento de ansiedad que no podía contener y la imposibilidad de concurrir a una guardia de salud mental o de visitar al profesional con quien venía trabajando. Acompañamos a través de la palabra escrita en alguna plataforma, o telefónicamente, pero allí estaban los at con esa herramienta que es la disponibilidad psíquica, la capacidad de escuchar y contener, horizontal y asimétricamente, a pesar del aislamiento.

En la Universidad Nacional de Córdoba, Facultad de Psicología, se creó el Servicio Espacio de Contención y Acompañamiento a personas y familiares de contagios confirmados de coronavirus y/o en cuarentena, a cargo en forma conjunta del Departamento de Acompañamiento Terapéutico y del Programa de Extensión Gestión Psicosocial de Riesgos en Emergencias y Desastres. Luego de los primeros días de marzo 2020, la población entera quedó en aislamiento y todos podían consultar.

Se trató de intervenciones breves, ajustadas a la demanda frente el desborde, mediadas por la plataforma Facebook. Se sostuvieron por meses guardias de doce horas los siete días de la semana, a cargo de acompañantes terapéuticos. A pesar las condiciones desfavorables, los resultados dieron cuenta de la importancia del encuentro de otro en momentos de soledad y angustia. Los consultantes con frecuencia expresaban su agradecimiento "por estar". Una afirmación que valorizaba la apuesta de ofrecer una presencia con disponibilidad que daba la posibilidad de crear un nuevo espacio, para poner entre paréntesis lo que todos estábamos viviendo, que creaba una pausa, un tiempo diferente a través de lo virtual y nos socorría del encierro. Eran palabras que nos permitían salir de la reclusión y encontrarnos con otro, hablar de los miedos, los contagios y las muertes, así como también de lo económico, del cierre de los negocios y la pérdida de trabajos. Era muy importante saber que alguien, del otro lado, estaba dispuesto a escuchar empáticamente el padecimiento. A veces las consultas se resolvían en un encuentro; en ocasiones, las personas volvían a llamar y podía estar el mismo acompañante o no, pero siempre había alguien del otro lado haciendo de tope a las ideas, las fantasías, los pasajes al acto.

La pandemia, el aislamiento podía ser del orden del acontecimiento. El acompañamiento terapéutico se articula con la idea del encuentro con el otro, de leer la crisis de un sujeto como una situación histórica singular y, en tanto tal, como posible "sitio de acontecimiento":

> Su existencia genera una modificación que no es la del desarrollo de una predisposición, de una latencia o de algo que está en potencia. Pero si obtiene un lugar para el yo se instala una nueva subjetividad o intersubjetividad para un vínculo. (Kuras de Mauer y Resnizky, 2005)

Badiou señala que:

> El acontecimiento es algo que hace aparecer cierta posibilidad que era invisible o incluso impensable. Un acontecimiento no es por sí mismo creación de una realidad, es creación de una posibilidad, abre una posibilidad. Nos muestra que hay una posibilidad que se ignoraba. En cierto modo, el acontecimiento es solo una propuesta. (Badiou y Tarby, 2010, p. 21)

Podemos pensar los espacios de contención y acompañamiento como la oferta de un ámbito para valorar aquello que acontece, desde un vínculo quizás efímero pero que, frente a esa imposibilidad invisible e impensable, puede generar una escucha atenta y disponible, dar valor y sentido para poder captarlo, y trabajarlo para que sea inscripto en su mundo.

Un vínculo se había creado y permitía que se desplegaran escenificaciones, intervenciones acotadas, cuando hacía falta, para luego derivar. No se pensaba en un diagnóstico en patología, sino en la situación que atravesábamos. El equipo eran los otros acompañantes, la persona que conducía la plataforma. Estábamos todos conectados, porque vivíamos situaciones como ideación suicida, cortes o violencia, etcétera.

Los coordinadores del espacio se hallaban disponibles todo el tiempo y los teléfonos entre acompañantes sonaban durante las jornadas. Sin esa red que se construyó entre los miembros del servicio, no hubiera sido posible contener la demanda, que alcanzó más de mil consultas durante el tiempo en que estuvo abierto.

Antes de finalizar, situaré otra experiencia, en este caso, en el trabajo con la violencia de género. La Tecnicatura Universitaria en Acompañamiento Terapéutico (UNC) brinda un espacio de prácticas supervisadas como condición de egreso; en ese contexto surgió la posibilidad de que ingresaran practicantes al Polo de Asistencia de la Mujer de la provincia de Córdoba.

Pozzerle, psicóloga, acompañante y especialista en violencia familiar (UBA) diseñó un espacio de inserción para un grupo de pasantes en la institución con el fin de fortalecer el proceso de las mujeres que solicitan ayuda allí y que, en ese sentido, comienzan su recorrido por la ruta crítica de la violencia.

Hubo que hacer algunos movimientos en el armado del dispositivo, para ir construyendo un modelo diferente de aquel al que estamos habituados en la clínica. No había diagnóstico, ya que no estábamos en el campo de una enfermedad, y tampoco equipo en el sentido clásico, pero sí necesidad de hacer cuerpo. Era preciso acompañar con disponibilidad y profundo respeto por el otro, semejante y diferente, dejando fuera cualquier tipo de perjuicio o presión.

El acompañamiento terapéutico es la estrategia para alojar la singularidad de cada caso; incluye los múltiples elementos que componen el mundo del sujeto acompañado y sus relaciones. En este caso, podemos mencionar a las instituciones, las acompañadas, sus hijos, la sala de espera, las otras mujeres, los miembros del equipo. Un vínculo que acompañe en un camino que puede llevar a conservar la vida y/o la de los/as hijos/as o volver atrás. El acompañante puede ser un aspecto facilitador en este recorrido de la consulta, de ese transitar por la delicada "ruta crítica".

Al decir de Vicente y Voria (2016), se debe advertir que el inicio de esta ruta, en muchas ocasiones implica riesgos para las mujeres, como el aumento de la violencia, el peligro en lo relativo al bienestar y la integridad de sus hijos/as y en cuanto a sus bienes patrimoniales, el arrepentimiento y la sensación de frustración, entre otros. Por eso, tras un primer paso, muchas veces sigue un retroceso o la búsqueda de otras vías. Si bien estos procesos pueden parecer contradictorios o hasta irracionales, es fundamental tener en cuenta las dificultades subjetivas e institucionales con las que lidian las mujeres en la búsqueda de alternativas para salir de la violencia.

A las mujeres vulneradas, transitar de estos senderos les resulta difícil, a veces imposible; junto a ellas hay un lugar privilegiado en donde las acompañantes pueden desarrollar su rol. El dispositivo AT se inserta en el lazo social, en la vida cotidiana, atendiendo al "aquí y ahora" de los hechos.

> Si se piensa que la violencia es una problemática social que impacta sobre la salud mental, como una situación en crisis, y que genera arrasamientos psíquicos sociales, es posible pensar que la reestructuración de ese campo vincular puede estar acompañado individualmente por quien posee herramientas clínicas para intervenir en la comunidad o en el espacio social de la persona. (Pozzerle, 2019)

Estos acompañamientos tienen lugar en las salas de espera, en los pasillos de la justicia, en la residencia de los niños y en la línea telefónica de emergencia, entre otros.

Las acompañantes con disponibilidad afectiva y mental generan con su presencia un tiempo y un espacio diferente; por un momento, ponen en suspenso e interpelan las presiones de la vida cotidiana, la familia, el control social. Constituyen una presencia sin vacilación, que da seguridad, confianza, no asusta y acompaña a pensar, a sentir, a empezar a reconocer qué se necesita y a elegir qué hacer. Los acompañantes respetan los tiempos, orientan en los trámites sin imponer, acompañan a los hijos víctimas de tantas vulneraciones. Hacen una oferta vincular novedosa, de efectos incalculables, ya que sucede en inmanencia que puede abrir efectos subjetivantes.

La violencia contra la mujer es una problemática compleja, multidimensional, que adquiere nuevas formas a través del tiempo; por este motivo, las medidas o acciones que intenten darle solución a no pueden ser lineales, sino integrales. Las dimensiones que la componen son los derechos humanos, la salud y seguridad pública, las configuraciones vinculares y la perspectiva de género, entre otras.

El dispositivo de acompañamiento terapéutico aloja esa complejidad, al tomar al sujeto en el contexto, en las interacciones y los intercambios. Se ocupa de los aspectos intrapsíquicos, los vinculares y sociales en los vínculos que emergen y transforman. Frente a la complejidad de la violencia de género, el acompañamiento terapéutico se convierte en un dispositivo que permite el abordaje de manera eficiente y respetuosa de los procesos.

Una característica del vínculo en el AT es la lógica compleja en la que intervienen diferentes personajes y las situaciones ambientales, sociales y arquitectónicas forman parte del dispositivo para instaurar un pequeño espacio, una palabra, un guiño, una mano que proponga una lógica diferente, un nuevo lugar no opresivo para promover la emergencia de la subjetividad.

Se trata de una relación inscripta en una dimensión ética. La posición y el lugar que ocupa el acompañante frente a la demanda –pequeña, sujetada, amordazada– del otro pueden favorecer la posibilidad de la instauración de un vínculo que incremente la subjetividad, aun en los escenarios de mayor dramatismo.

Para finalizar, señalamos que el dispositivo de acompañamiento terapéutico es una clínica vincular que nos permite abordar en lo comunitario, lo social, las consultas que recibimos de sujetos en situación de vulnerabilidad, con las herramientas que tenemos y las características propias de vincularnos.

Bibliografía

Badiou, A. y Tarby, F. (2010). *La filosofía y el acontecimiento.* Amorrortu.

Bustos, G. (2013). Acompañamiento Terapéutico, rol o función. En *Revista de acompanhamento terapeutico ATRAVESSAR* N° 3. Dobro Universitario

Chaui Berlink, L. (2016). Lo cotidiano, una clínica en las fronteras. En M. L. Frank, D. Hernández y M. Costa (comps.). *Acompañamiento terapéutico. Clínica en las fronteras.* Brujas.

Frank, M. L. y Dragotto, P. A. (2012). *Acompañantes: conceptualizaciones del acompañamiento terapéutico como dispositivo en el campo de la salud mental.* Brujas.

Kuras de Mauer, S. y Resnizky, S. (2005). *Territorios del acompañamiento terapéutico.* Letra Viva.

Najmanovich, D. (2005). *El juego de los vínculos. Subjetividad y redes. Figuras en mutación.* Biblos.

Palombini, A. (2016). Lo sensible en la formación para el acompañamiento terapéutico. En M. L. Frank, D. Hernández y M. Costa (comps.). *Acompañamiento terapéutico. Clínica en las fronteras.* Brujas.

Pozzerle, J. (2019). *Transversalizar la perspectiva de género en el acompañamiento terapéutico.* Ficha de Cátedra

Resnizky, S. (2016). Dispositivos de frontera. En M. L. Frank, D. Hernández y M. Costa (comps.). *Acompañamiento terapéutico. Clínica en las fronteras.* Brujas.

Rodulfo, R. (2013). *Andamios del psicoanálisis. Lenguaje vivo y lenguaje muerto en las teorías psicoanalíticas.* Paidós.

Vicente, A. y Voria, M. A. (2016). ¿Protegidas o desprotegidas? La integridad de las mujeres en relación a las medidas de protección urgentes establecidas por la Ley 26485 en Argentina. Revista *Studia Politicae.* UCCCor. https://revistas.bibdigital.uccor.edu.ar/index.php/SP/article/view/650

Capítulo 9

Una perspectiva colonial sobre la salud mental y el servicio penitenciario brasileño

Demetrius França

A través del acompañamiento terapéutico en grupo, realizado con residentes de una institución de salud mental en Brasil compuesta en su mayoría por hombres provenientes del sistema penitenciario, fue posible reflexionar sobre el impacto de las desigualdades socioeconómicas en el acceso a derechos y garantías por parte de los usuarios de ese servicio. El éxito de la intervención terapéutica solo fue posible cuando se identificaron y gestionaron los impactos de la "cultura carcelaria", así como la dinámica del machismo que influencia las relaciones humanas. Desde una perspectiva colonial, es posible comprender que el proceso y la enfermedad que sufren los negros y los pobres en Brasil se ven agravados por el abandono, en tanto existen posibilidades terapéuticas para quienes tienen el poder adquisitivo para comprar sus derechos y garantías, aunque esto represente un conflicto con la legislación vigente.

Lo cierto es que la colonización, en esencia, se presenta como una gran proveedora para los hospitales psiquiátricos (Fanon, 2002, p. 287).

Acompañamiento terapéutico (AT)

El acompañamiento terapéutico –también conocido como terapia peripatética– es una modalidad de intervención clínica ambulatoria que se ofrece fuera del ámbito clínico tradicional. Desarrollado para llegar a quienes no responden al tratamiento convencional limitado al consultorio y entre las paredes de las instituciones de salud mental, el AT puede ofrecerse en forma individual o grupal en cualquier lugar (domicilio, aeropuerto, plaza, cine, etc.) donde la planificación clínica identifique la posibilidad de permitir una mejor comprensión del paciente, con fortalecimiento de las relaciones de transferencia y ocurrencia del evento terapéutico.

Esta tradición terapéutica surgió en Argentina y Brasil a fines de la década de 1960 (França, 2020, p. 41) e inicialmente sirvió de apoyo a otras áreas como la psiquiatría, el psicoanálisis y la psicología. En Brasil, se convirtió en una modalidad clínica autónoma con posibilidades diferentes de las que brindaba la terapia convencional, por el "*setting* clínico-ambulatorio" y por la maduración de los conocimientos teóricos acumulados a lo largo de más de sesenta años. Esta práctica se ejerce principalmente en Argentina y Brasil con especificidades, pero está avanzando en otros países como Uruguay, México y España. Teniendo en cuenta que el presente trabajo está enfocado en las peculiaridades del perfil de los pacientes, y que en otros países tendremos realidades muy diferentes en cuanto a la historia clínica de los mismos, este texto se centrará fundamentalmente en la realidad brasileña.

Durante su revisión bibliográfica sistemática, Benatto (2014) caracterizó al acompañamiento terapéutico como una modalidad ofrecida mayoritariamente en forma individual, sin hacer alusión a publicaciones referidas a su modalidad colectiva. Hasta marzo de 2023, solo dos disertaciones de maestría y una de doctorado se han referido al tema en el repositorio brasileño de tesis y disertaciones. Fueron encontrados dos artículos científicos sobre este tópico en los repositorios SCIELO y Biblioteca Virtual de Psicología, y dos libros, derivados de las investigaciones identificadas en la Biblioteca Digital Brasileña de Tesis y Disertaciones. La escasez de publicaciones sobre este asunto en Brasil confirma la necesidad de incrementar el debate acerca de esta problemática, considerando también que la falta de discusión acerca de esta terapia no implica que se practique en las modalidades públicas (hospital de día) o privadas (hospital de día y profesionales) en Brasil, sino que ciertamente se realiza en menor proporción que la modalidad individual.

En este escenario se realizó la intervención de acompañamiento terapéutico en grupo con los residentes de una institución pública de salud mental. El grupo participante estaba constituido por hombres del sistema penitenciario del Estado que no habían recibido tratamiento psicosocial durante más de diez años, salvo un acompañamiento psiquiátrico mensual. Este texto presenta los resultados de esta intervención.

Psicopatología: un fenómeno estructural

Minkowski (1970) desarrolló un trabajo crítico e independiente de las dos grandes psicopatologías de su época: el psicoanálisis y la descriptiva. Por un lado, rechaza la psicopatología descriptiva de los síntomas, porque realiza un diagnóstico que no guarda relación con el proceso terapéutico. Por otro lado, Minkowski (1970, 1999) reconoce la fortaleza del psicoanálisis, pero cuestiona su uso estereotipado y erróneo, que podría deshumanizar el trabajo profesional, e incluso impedir el establecimiento de las relaciones de transferencia y del proceso terapéutico. En respuesta a los desafíos identificados en su trabajo como psiquiatra (en particular, con pacientes crónicos y esquizofrénicos) y a las limitaciones de las alternativas disponibles, él recomienda un "método vivo que contemple a las personas vivas".

Crítico de manuales y protocolos, Minkowski (1970, 1999) propone comprender al paciente a través de la interacción cotidiana, como un ejercicio antropológico. Explica este proceso como la ejecución simultánea de dos obras musicales en un ambiente en donde las experiencias vividas por el profesional y por el paciente pueden entrar en armonía o en disonancia, para permitir así la comprensión mutua.

Este autor explica la enfermedad como la pérdida de contacto afectivo con la realidad en términos de la experiencia vivida en el tiempo y el espacio. El enfermo pierde la capacidad de vivir de forma realista el mundo en sintonía con las personas y los estímulos que lo rodean, perdiendo con ello también la capacidad de adaptarse adecuadamente, lo que supone riesgos para sí mismo y para los demás.

Bajo esta perspectiva, incluso el hecho de que ocurra la relación de transferencia puede ser considerado un obstáculo, debido a las dificultades del enfermo para establecer contacto afectivo con otras personas. Para Minkowski es posible facilitar la reanudación de este contacto vital y aumentar así la experiencia vivida del tiempo y el espacio a través de la relación transferencial.

Considerando el sesgo fenomenológico y cualitativo de esta investigación, es importante aclarar que los datos fueron registrados desde la perspectiva del autor, que buscó comprender y describir el significado de las experiencias para las personas descritas, consultando siempre que fue posible a los individuos involucrados (pacientes y terapeutas) acerca del significado de las situaciones.

Se registraron el comportamiento y el habla de los pacientes, a fin de identificar el aumento en la retención de la experiencia vivida en el tiempo y el espacio. A lo largo de la intervención, se observó también que el contexto grupal estimuló el incremento de las habilidades comunicativas de algunos integrantes, lo que permitió la creación de una tercera categoría para evaluar la evolución terapéutica.

La intervención

Se ofreció acompañamiento terapéutico grupal a los residentes de una institución pública de salud mental, para confirmar las posibilidades terapéuticas con un grupo de pacientes en situación crónica y observar así si el *setting* clínico-ambulatorio y sus posibilidades territoriales:

- facilita una mejor comprensión y diagnóstico de los pacientes y de sus experiencias vividas;
- estimula el establecimiento de una relación de transferencia entre pacientes y terapeutas;
- fomenta la interacción y socialización entre los pacientes, incrementando sus habilidades sociales y comunicativas, y
- favorece la ocurrencia de eventos que puedan ser considerados como terapéuticos.

La intervención terapéutica realizada en 2014 y 2015 estaba prevista para ofrecerse en dos períodos distintos, con igual duración de cuatro meses. La primera intervención se llevó a cabo dos veces por semana y fue planificada para una duración inicial de treinta días. Su objetivo buscaba privilegiar el establecimiento de relaciones de confianza entre terapeutas y pacientes, así como generar la rutina del acompañamiento terapéutico en grupo.

La segunda intervención se ofreció luego de un intervalo de seis meses, bajo una doble condición de *follow-up* y de nueva intervención. El primer objetivo fue identificar si los resultados obtenidos en el primer período se habían mantenido después de esa interrupción. El segundo objetivo se propuso ofrecer condiciones para la continuidad del trabajo terapéutico y para determinar si era posible avanzar y obtener nuevos resultados. Teniendo en cuenta que hubo una renovación del equipo y, que por lo tanto, se hizo necesario renovar los vínculos con los pacientes, la segunda etapa del proyecto también contó con una fase de treinta días para privilegiar las relaciones y el restablecimiento de la rutina itinerante de la terapia grupal.

En esta segunda etapa, solo hubo una sesión de acompañamiento terapéutico por semana, pero no se evidenciaron consecuencias con respecto a este tema.

Se realizaron reuniones antes y después de cada sesión de acompañamiento terapéutico. La reunión de planificación se efectuaba antes de las actividades, para establecer estrategias de cuidado en equipo, así como para transmitir información importante acerca de la situación de los pacientes. Después de la actividad, se realizaba un nuevo encuentro para compartir impresiones acerca del funcionamiento de los participantes, sus interacciones con otras personas y sobre la propia actividad de acompañamiento terapéutico.

Participantes

Se ofreció acompañamiento terapéutico grupal a los residentes del Instituto de Salud Mental (ISM), una institución pública de salud mental. Considerando que la ley N° 10216 (Brasil, 2001) determina el cierre de camas permanentes (sin fecha límite para el alta) en instituciones de salud mental, así como la creación de residencias terapéuticas en lugares localizados fuera de los espacios institucionales para personas incapaces de valerse por sí mismas y sin una familia que pueda ejercer ese cuidado, la existencia misma de este grupo de personas de forma permanente ilustra algunas de las paradojas de la salud mental en Brasil.

El carácter público del servicio es la primera distinción que resulta necesario exponer, porque caracteriza a los usuarios de este sistema. En un trabajo anterior (França, 2018) presenté una experiencia de acompañamiento terapéutico grupal en una institución privada, con pacientes de clase media que no solo poseían dinero para los gastos asociados con las actividades terapéuticas, sino que en general tenían educación superior y dominio de idiomas extranjeros, habilidades que posee solo una minoría de la población brasileña.

Los primeros residentes llegaron a esta institución en 2003, luego del cierre de la Clínica Planalto, una institución privada que operaba sin autorización y fue considerada responsable de crímenes contra la vida y la humanidad. Cuando se realizó la intervención en 2014 y 2015, algunos residentes se encontraban "provisoriamente" en esta institución hacía más de una década. Como la mayor parte de los mismos en un primer momento fue puesta al cuidado de familiares, solo permanecieron cuatro mujeres y tres hombres.

Sumado a este grupo, también había personas que fueron referidas a esta institución por presentar características particulares. Por ejemplo, un hombre que llamaremos Ganges, vivía en la calle y sufría ataques epilépticos severos porque no tomaba su medicación. El servicio de emergencia que constantemente era solicitado para atenderlo gestionó su internación en el Instituto de Salud Mental para que pudiera vivir en mejores condiciones, recibiendo tratamiento farmacológico.

La asociación entre los primeros residentes, provenientes de la misma clínica, y los que llegaron posteriormente puede parecer frágil en un principio, pero el perfil general de estas personas es su origen pobre o miserable. Sin una atención primaria adecuada que pudiera identificar la enfermedad, muchos de ellos solo fueron derivados a la red de salud mental cuando su condición ya era crónica. La ausencia de una contención familiar capaz de brindar cuidados mínimos (como asegurar el uso regular de medicamentos y la búsqueda de hospitalización temporal ante una crisis), así como la permanencia en el hogar familiar, probablemente pueda estar asociada a la situación de calle en que vivían muchos de ellos, tan peligrosa como la Clínica ilegal Planalto donde desaparecieron personas o aún más. En el momento de la intervención de acompañamiento terapéutico, había un grupo minoritario total de diez pacientes, cuatro mujeres y seis hombres, contando los primeros residentes y otros en situación similar.

La mayoría de los ellos procedía del Ala de Tratamiento Psiquiátrico - ATP del sistema penitenciario del Distrito Federal. Considerando que los residentes entraban y salían, durante este período hubo un total de aproximadamente treinta hombres y una mujer en el ISM. Con esta mayoría absoluta, diversas conductas derivadas del período de reclusión se evidenciaron en la rutina y permearon las relaciones de manera muy visible. Desde el momento en que se identificó esta dinámica como determinante del éxito o fracaso en el establecimiento de relaciones con algunos de los residentes, se diseñaron estrategias para contemplar mejor a quienes poseían este perfil. Una mejor comprensión de esta dinámica permitió direccionar las actividades de manera más efectiva e inclusiva.

Todos los residentes eran mayores de edad; el más joven tenía veinticuatro años y el mayor más de sesenta. Sin embargo, no se identificaron particularidades relacionadas con el aspecto generacional en general.

En cuanto a la definición de condición crónica atribuida a la mayor parte de los residentes, esta se refiere a la negligencia en que transcurrió la enfermedad de la mayoría, sin atención médica. No hubo ningún tipo de tratamiento preventivo y, cuando finalmente fueron incluidos en el sistema de salud pública o penitenciario, recibieron una atención limitada a los medicamentos, sin ningún trabajo psicosocial durante la mayor parte de su vida, ni en las instituciones de salud ni en el sistema penitenciario. Incluso el hospital de día del ISM se negaba a incluir a los residentes de la institución, con el argumento de que se hallaban en una situación demasiado crónica como para responder al tratamiento proporcionado por el Centro de Atención Psicosocial (CAPS) (França, 2020), a pesar de que la ley N° 10216 (Brasil, 2001) establece el régimen de puertas abiertas para los CAPS, que deberían recibir a cualquier persona que necesite servicios de salud mental.

Las categorías identificadas, entre otras consideradas como relevantes para este debate, así como sus implicaciones para la planificación y ejecución del acompañamiento terapéutico y el proceso terapéutico, fueron definidas como género y cultura carcelaria.

Género

Dos construcciones distintas, a una distancia de veinte metros entre sí, albergan a los hombres separados de las mujeres. Unos veinte hombres comparten siete habitaciones con hasta tres camas en una construcción mayor, y las cinco mujeres se alojan en tres habitaciones. Las diferencias evidentes de comodidad, ruido y privacidad en la atención ofrecida a unos y otras se acentúan cuando consideramos que ambos espacios cuentan con equipos equivalentes a dos técnicos de enfermería por turno. Es decir, en tanto las cuatro mujeres estaban siempre en buenas condiciones de higiene y alimentación, sin interrumpir el uso de la medicación, se identificaron problemas de higiene e incluso crisis inducidas por la falta de medicación entre los veinte hombres.

Durante las sesiones de acompañamiento terapéutico en grupo, fue posible verificar mejores habilidades de comunicación por parte de las mujeres en general, especialmente en comparación con los hombres. No es posible inferir una respuesta única para todos los residentes, pero, sin embargo, esta habilidad superior se relacionó con una interacción cotidiana más rica con los profesionales de enfermería, que incluía el diálogo, así como la estimulación corporal a través de los desplazamientos necesarios realizados de la mano con las profesionales, y las sesiones de belleza, que incluían peluquería y manicura. En contraposición con esta realidad, la gran mayoría de los residentes del hogar masculino podían pasar días o meses sin mayor interacción verbal o física con ningún profesional.

Algunos residentes (exclusivamente hombres) recibieron ayuda económica para incorporarse a un proyecto de horticultura orgánica dentro de la institución de salud mental donde vivían. Quienes participaban en este proyecto pagaban a las residentes para que lavaran su ropa, en lugar de utilizar el servicio de lavandería industrial de la institución, que frecuentemente mezclaba la ropa de los residentes.

Habiendo ilustrado las evidentes diferencias de género en las relaciones y cuidados ofrecidos a hombres y mujeres, vale la pena considerar que Brasil es un país marcado por el machismo en la vida cotidiana. Nascimento (2009) observa que, mientras los hombres deben ser proveedores y defender a sus familias, las mujeres son vistas como frágiles y dependientes, necesitadas de protección. Una consecuencia directa de estos valores es que los hombres que no pueden generar ingresos pierden su rol social ante sus familias, mientras que las mujeres en una situación similar son percibidas como objetos de cuidado. Dentro del hogar familiar, una mujer con diagnóstico psiquiátrico aún puede realizar algunas actividades domésticas de limpieza, mientras que el hombre no puede someterse a este tipo de trabajo y queda condicionado a lo largo de su vida a tomar una posición violenta en defensa de lo que considera honorable. Incluso puede verse involucrado en episodios violentos.

Como consecuencia de esta pérdida de lugar en sus familias, Nascimento (2009) señala que en Brasil hay una mayoría de hombres en los servicios de salud mental en comparación con las mujeres, que permanecen en sus hogares familiares. La realidad de los residentes provenientes del sistema penitenciario confirma esta situación, si observamos que solo una mujer se encontraba en las mismas condiciones que veinte hombres llevados a ese lugar por haber cometido delitos violentos. Y, sin embargo, ella disfrutaba de mejores condiciones de vivienda y cuidado que sus contrapartes de sexo masculino.

Cultura carcelaria

Algunos comportamientos y actitudes se asociaron con el hecho de que la mayoría absoluta de los hombres procedía del sistema penitenciario, y de que pasaron años en aislamiento con atención limitada al ámbito psiquiátrico, con el consecuente empobrecimiento de sus habilidades sociales. Los residentes del sistema penitenciario dialogaban lo estrictamente necesario o, directamente, no lo hacían.

También se observó la caminata que ellos realizaban en el estacionamiento, repitiendo un recorrido de ida y vuelta diario similar al que efectuaban en los patios de la prisión. Si consideramos que el ISM cuenta con una gran área verde y senderos que pueden ser utilizados para recorridos más ricos y placenteros en cuanto al paisaje, la repetición diaria de esta manera parece ser una actividad empobrecida y sin sentido. Al ser interrogado sobre el motivo de esta caminata, uno de los residentes se limitó a decir que lo hacía "para no quedarse quieto".

El comportamiento violento también era bastante frecuente entre los residentes; no se trataba necesariamente de violencia física, sin embargo, las actitudes ofensivas e intimidatorias por parte de algunas personas era recurrente.

Resultados de la intervención

Las intervenciones se consideraron exitosas. Algunos participantes mostraron un aumento en las habilidades de comunicación, así como una mayor retención de la experiencia vivida en el tiempo y el espacio. Una profesional del ISM que los conocía comentó que no sabía que Ganges "podía hablar". Él comenzó a negociar objetos personalmente de manera más pacífica y adecuada, así como a organizarse durante la semana para esperar la siguiente sesión de acompañamiento terapéutico. También sorprendió a los profesionales da la institución porque sabía nadar, pero no tenía acceso a la piscina: fue la actividad de acompañamiento terapéutico conducida por profesionales extraños a la institución la que permitió identificar esa habilidad.

Otro participante, que se limitaba a repetir lo que decían los demás, también mostró mayor habilidad comunicativa, inventando adjetivos para transmitir mejor su impresión del mundo. Esta misma persona se acercó a uno de los técnicos de enfermería para confirmar la realización de la actividad terapéutica del día siguiente. De ese modo manifestó no solamente su capacidad de entablar una conversación para resolver una duda, sino también la planificación de sus actividades en el futuro, demostrando una mayor retención de la experiencia temporal.

Más allá de los resultados terapéuticos obtenidos, debe hacerse una observación específica acerca de la importancia de las interacciones financieras posibles mediante el intercambio de servicios entre los residentes que participan en el proyecto hortícola, y las mujeres que lavan su ropa. Los agricultores comparten una identidad de grupo, socializan durante y fuera de las actividades de la huerta, y reciben asistencia financiera para comprar café y otros artículos de uso cotidiano, así como para pagar a las mujeres por el lavado de su ropa. Además de la interacción social promovida por el proyecto ocupacional, que es beneficiosa en sí misma y que evidentemente funciona como un incentivo para aumentar y mantener la experiencia vivida del tiempo y del espacio en la rutina laboral, el uso de los recursos ciertamente estimula un proceso creativo de planificación para la utilización de los mismos.

Las mujeres, con una sola excepción, se incorporaron fácilmente a las sesiones de acompañamiento terapéutico en grupo, mientras que los hombres, especialmente los que provenían del sistema penitenciario, optaron por no tomar parte de la actividad al comienzo. Esta indiferencia o rechazo a la posibilidad de salir de la institución fue asociada por los terapeutas con el perjuicio resultante de la falta de trabajo psicosocial, especialmente agravado por el sistema penitenciario que favorece el aislamiento.

Algunas actividades que incluían merienda colectiva y juegos como el dominó y los naipes estimularon la participación ocasional de algunos hombres, que llegaron a incorporarse regularmente solo en la segunda fase de la intervención.

Si bien la segunda intervención se completó con éxito, confirmando no solo el mantenimiento de los resultados obtenidos, sino también facilitando la ocurrencia de nuevos comportamientos que pueden ser considerados como terapéuticos, la institución obstaculizó la disponibilidad de ómnibus para la realización de los paseos. La segunda etapa fue posible gracias a la cooperación financiera entre los terapeutas, pero considerando la naturaleza experimental de la actividad, no sería sostenible transferir la carga del transporte a los profesionales que ya trabajaban voluntariamente.

Una cultura de exclusión racista y económica

A pesar de la independencia de los países de América Latina, el legado colonial se presenta como un desafío socioeconómico y de salud mental, que muchas veces es ignorado en la formación de profesionales de la salud. Sin esta capacitación y sensibilización sobre el tema, estos pueden trabajar ignorando el impacto interdisciplinario del racismo, del machismo y de la miseria, entre otros factores.

Aunque el trabajo de Fanon (2002) se remite a la segunda mitad del siglo XX, su investigación se mantiene vigente en lo que se refiere al impacto del racismo y de la exclusión en salud mental. En este caso, se pueden explicar así las condiciones deplorables en que se mantienen los residentes en esta institución pública, en evidente incumplimiento de la legislación sobre el tema.

França (2018, 2020) sostiene que se confirman las distorsiones socioeconómicas que impiden el acceso a derechos y garantías en salud y en el sistema jurídico. Las personas con mayor poder adquisitivo pueden cubrir estas necesidades, mientras que la mayoría negra y pobre de la población brasileña está sujeta a servicios públicos saturados, o a la no disponibilidad del servicio. No es raro encontrar personas condenadas por delitos violentos, provocados por crisis emocionales o por tráfico de drogas, motivados por la dependencia química, en clínicas privadas de Brasil, con mejores condiciones de confort y atención psicosocial. Así, a pesar de la garantía formal de dignidad e igualdad de derechos para todos, los pobres y negros son remitidos a un sistema en el cual "esta naturaleza rebelde es finalmente domada" (Fanon, 2002, p. 238) a través del sistema disciplinario de cárceles e instituciones psiquiátricas, que empobrece la vida psíquica.

En este caso, el visible perjuicio ocasionado por la completa ausencia de trabajo psicoterapéutico durante años se presentó como un desafío desde el comienzo de la intervención, porque los residentes solamente reaccionaban a las consignas y tenían dificultades para dialogar y sugerir lugares y actividades para realizar en conjunto. Con la evolución del trabajo, quienes realizaban actividades con frecuencia comenzaron a proponer algunas externas al hospital. No obstante, se limitaban a preguntar sobre la comida, los cigarrillos y el café. También genera una reflexión que las personas en peores condiciones de salud mental que se mantuvieron ajenas al acompañamiento terapéutico de grupo, a pesar de haber sido invitadas, eran negras (hombres y mujeres).

El hecho de que un profesional de la institución no supiera que uno de los pacientes sabía hablar ilustra un síntoma institucional y de los profesionales acerca de la condición de los residentes de la institución y del tipo de abandono en que se encontraban. Fanon (2002, p. 310) también describe el estudio de caso de un torturador que no sufre por la violencia que comete, sino por el agotamiento físico del trabajo que realiza. Sin críticas y sin conciencia acerca de las fallas del propio trabajo y de la institución, tendemos a naturalizar y racionalizar este hecho, transfiriendo la responsabilidad a otro, que puede ser el mismo paciente u otra entidad no específica.

Después de producir resultados terapéuticos importantes, a través del acompañamiento terapéutico de grupo con personas en condición crónica consideradas sin posibilidad de curación hace años, los profesionales y dirigentes de la institución fueron confrontados con respecto a la gestión institucional y al abandono en que se encontraban los residentes. Por un lado, algunos profesionales de la institución se mostraron interesados en realizar nuevos cursos de formación, y revelaron planes de inclusión de los residentes de la institución en las actividades del hospital de día a las que estos no tenían acceso. Por otro lado, los dirigentes de la institución se sintieron incomodados con los resultados e iniciaron un boicot al acompañamiento terapéutico. Fue cancelada la disponibilidad de transporte para los paseos de AT de grupo; el equipo de nutricionistas solicitó que los residentes no recibiesen alimento no programado, etcétera. El resultado final fue la cancelación de este proyecto, después de la segunda intervención exitosa. Los dirigentes se negaron a reunirse, a conversar mediante llamadas telefónicas o a responder e-mails y cartas del coordinador del proyecto.

De esta forma, aunque la intervención fue exitosa, realzó la cultura de exclusión racista y económica de la institución, que se organizó para impedir la continuidad de un trabajo beneficioso, que podría proyectar positivamente la autarquía. Fanon (2002) explica que el racismo posee una dinámica flexible y adaptativa para cada contexto, y demanda de los profesionales de salud mental la preparación y el coraje para identificar y enfrentar este proceso psicopatológico, a fin de garantizar los derechos humanos.

Bibliografia

Benatto, M. C. (2014). *A clínica do acompanhamento terapêutico no Brasil: uma análise da produção científica de 1985 a 2013.* Ciencias Humanas, Letras y Arte, Universidad Federal de Paraná, Curitiba.

Fanon, F. (2002). *Os condenados da terra.* Universidad de Juiz de Fora.

Fanon, F. (2008). *Pele negra, máscaras brancas.* Universidad Federal de Bahía.

França, F. (2018). *Terapia peripatética de grupo: considerações.* Appris.

França, F. (2020). *Terapia peripatética de grupo: fenomenología y psicopatología.* Appris.

Minkowski, E. (1967). Hallazgos en un caso de depresión esquizofrénica. En R. May, E. Angel y H. F. Ellenberger (eds.), *Existencia: nueva dimensión en Psiquiatría y Psicología* (pp. 163-176). Gredos.

Minkowski, E. (1970). *Lived Time: Phenomenological and Psychopathological Studies.* Northewestern University Press.

Minkowski, E. (1999). *Traité de psychopathologie.* Institut Synthélabo.

Nascimento, L. B. R. A. (2009). *O Centro de Convivência Inverso – Um Lugar para o Homem Acometido de Transtorno Mental.* Universidad Católica de Brasilia.

Oliveira, E. N. (2005). *O Impacto do Fechamento da Clínica Planalto para a Reforma Psiquiátrica no DF.* Centro Universitário de Brasilia, Facultad de Ciencias de la Salud.

Capítulo 10

Intersecciones en el campo de lo judicial. Acompañar las violencias, preservar la salud mental y promover efectos terapéuticos como política pública

Juliana Pozzerle

El acompañamiento terapéutico como recurso clínico llegó al campo de la salud mental para quedarse, pero... ¿de qué hablamos cuando hablamos de "campo de la salud mental"? Para el presente texto, tomamos el concepto propuesto por la Organización Mundial de la Salud, que define a la salud mental como "un estado de bienestar mental que permite a las personas hacer frente a los momentos de estrés de la vida, desarrollar todas sus habilidades, poder aprender y trabajar adecuadamente y contribuir a la mejora de su comunidad".[1]

Un trastorno mental, sin embargo, se caracteriza por una alteración clínicamente significativa de la cognición, la regulación de las emociones o el comportamiento de un individuo. Por lo general, va asociado a angustia o a discapacidad funcional en otras áreas importantes. Hay muchos tipos diferentes de trastornos mentales. También se denominan "problemas de salud mental", aunque este último término es más amplio y abarca los trastornos mentales, las discapacidades psicosociales y (otros) estados mentales asociados a una angustia considerable, discapacidad funcional o riesgo de conducta autolesiva.

Ahora bien, es importante aclarar que recién el 28 de septiembre de 2017, en su 36° período de sesiones del Consejo de Derechos Humanos de la Organización de Naciones Unidas, se aprobó una resolución específica sobre Salud Mental como derecho humano fundamental. Por otra parte, es en la Conferencia Mundial de Derechos Humanos de Viena, en el año 1993, que la ONU reconoce explícitamente que los derechos de las mujeres son derechos humanos, y que la violencia de género es una violación a los mismos.

Es así que todos los esfuerzos internacionales en materia de salud mental y el impacto de evaluar las condiciones situacionales desde la perspectiva de género (entre otras categorías muy importantes) han tomado jerarquía recientemente, en la historia de los derechos humanos.

Por otro lado, el contexto del que aquí se habla está atravesado por las condiciones materiales, por la implicación de personas en un proceso judicial, pero también por la mediatización de dichos procedimientos para resolver conflictos de orden psicodinámico, cognitivo, relacional y emocional. ¿Qué significa esto?

En algún momento, el conflicto[2], en tanto relación humana en constante intercambio, se transformó en una situación inmanejable y las partes, instituciones y/o el Estado vieron la necesidad de acudir a los procedimientos judiciales para resolver el problema. Un problema que comenzó en una disputa de personas que no llegaron a acuerdos.

Aquí, en este esquema, entonces, el contexto judicial se circunscribe al contexto de las relaciones humanas sumidas en modalidades violentas por lo que, en consecuencia, debe intervenir el sistema judicial.

> Las relaciones de poder pueden ser definidas como juegos estratégicos entre libertades, juegos que hacen que unos intenten determinar la conducta de otros, a lo que los otros pueden responder tratando de no dejar que su

> conducta se vea determinada por ellos, o tratando de determinar, a su vez, la conducta de los primeros. Sólo existe "poder" en el sentido de las "relaciones de poder" que ejercen unos sobre otros (...) pueden ser efectos de un consentimiento permanente o anterior, pero no son por naturaleza la manifestación de un consenso. Además, la relación de poder no es igual a violencia. En las relaciones de violencia hay alguien dominado, reducido a la inmovilidad en cualquier sentido que la entendamos. (Donda, 2005, pp. 142-143)

El acompañamiento terapéutico judicial es un ejercicio profesional ubicado en la intersección del poder judicial y el campo de la salud mental. De una manera amplia, se podría decir que es un agente de la salud mental garante del derecho humano a la salud mental de las personas implicadas en el contexto judicial.

Acompañamiento terapéutico en las violencias de género

Cuando una persona ingresa al sistema judicial por motivos relacionados con violencia familiar y/o de género, encuentra que su vida cotidiana se ha transformado. Por ello, pensar en el acompañante terapéutico solo como un profesional de la salud mental, sin considerar el aspecto social y comunitario, es mirar la problemática con anteojos empañados.

Es interesante tomar lo que afirma Foucault (2006) acerca del análisis genealógico, que no estudia un comportamiento, ideas, sociedades o ideologías, sino que busca comprender las problematizaciones generadas a partir de determinadas conductas y comportamientos; a partir de cuándo algo se iluminó y la maquinaria clasificadora, las disciplinas, los sistemas comenzaron a mirar, usar, prescribir y analizar eso.

En ese sentido, interesa reflejar dos aspectos fundamentales para pensar el acompañamiento terapéutico en casos de violencias de género. El aspecto clínico, por un lado, y el aspecto social-comunitario, por otro. Ahora bien, antes de hacerlo, resulta importante definir *qué* se considera violencias de géneros en el presente escrito.

Anteriormente, en la definición de Solange Donda, sobre las relaciones de poder podía vislumbrarse la definición de violencia. La misma hace referencia al abuso de poder, donde existe una asimetría real o simbólica entre sujetos, y donde uno (o un grupo) de ellos tiene intención de quitar de en medio, de correr al otro, de aniquilarlo para obtener lo que quiere y lograr su objetivo.

La violencia está basada en un marco referencial que siempre se explica desde el punto de vista de quien está siendo victimario, y no a la inversa. No hay características de las *víctimas* (aunque el victimario las exprese) que expliquen la violencia. Quien la ejerce formula argumentos, pero es importante que los testigos de la misma no sucumban en esos marcos referenciales, porque son formas de validar y, en consecuencia, de seguir perpetrando las formas de violencia.

Ahora bien, cuando la violencia está definida como violencia de género, interesa formularla en sentido amplio: es la que se explica por el sistema, no solo por las individualidades que forman parte de ella.

Ejemplo de esto es lo que plantea Grinberg, quien refiere que en la década de 1970, en Estados Unidos comenzaron a considerarse las violencias sexuales hacia los niños como categoría relevante dentro de las violencias machistas, patriarcales. El movimiento feminista también puso el foco sobre este tipo de maltrato, al darle entidad dentro de una problemática cultural y social. "(...) en la década de 1970 el movimiento feminista norteamericano definió al incesto como abuso de poder orientado hacia los niños y las mujeres (Grinberg, 2010, p. 80).

La violencia del sexismo consiste en el proceso directo de violentar, oprimir y reprimir las oportunidades vitales de un ser humano de acuerdo a la diferencia sexual. El sexismo es violencia contra la libertad, tanto de las mujeres como de los hombres (Lamas, 1998).

Algo que ha estado ausente en las definiciones de violencia de género es la consideración especial de la categoría de la edad, un factor que se utiliza para deslegitimar a las personas incluidas en ese grupo. Las definiciones de violencia familiar, sin embargo, llevan entre sus elementos la consideración de la edad, sea por pertenecer al grupo de la infancia o bien a la tercera edad.

> La idea de adultocentrismo es una noción que refiere a la existencia de un sistema de dominio que visto en una sociedad de pluridominio se conjuga con otros sistemas de dominio como el patriarcado, el capitalismo, la segregación territorial, entonces en ese sentido lo que queremos indicar es que la adultez, o la mayoridad (la mayoría de edad), ha sido construida como algo que de por sí permite el control, la subordinación sobre las personas que están en la minoridad. (Duarte Quapper, 2018)

El sistema del patriarcado expone algunas características que explican las violencias de género con mayor detalle. Presenta un derecho de propiedad sobre las cosas y las personas, lo que se traduce en la *dueñez* (Ravazzola, 1999). Ello lleva a creer que puede hacer con ellas lo que se quiera, porque son de su propiedad. Al pertenecer a un sujeto con su propio sistema de valores, también les otorga una clasificación y jerarquización valorativa, lo que se expresa en el elitismo y serialismo (Ravazzola, 1999). Tres de las grandes características que permiten dilucidar el sistema de vínculos que se genera en las relaciones de poder, de las que antes se hablaba.

Ruta crítica, entre las trayectorias clínicas y los recorridos comunitarios

Se considera ruta crítica a las estrategias que ponen en juego las personas en situación de violencias basadas en género para superarlas, así como reconocer los factores facilitadores que las impulsan a buscar ayuda, identificar las dificultades o factores obstaculizadores que encuentran para llevar adelante tal decisión y las respuestas (facilitadoras u obstaculizadoras) que brindan las instituciones que intervienen en este proceso (Sagot, 2010).

Pensar en términos de ruta crítica como sistema permite el análisis y estudio de los componentes que forman parte de los recorridos que realizan las personas en situación de violencia. Si bien es un criterio descrito en las mujeres que atravesaban situaciones de violencia en el ámbito doméstico y los sucesos desencadenados a partir de la decisión de realizar una denuncia, luego se fue comprendiendo que los inicios del pedido de ayuda identificados por ellas no solo se situaban en la denuncia, sino que antes habían realizado otros pedidos de ayuda, informales o institucionalizados, no registrados en el sistema de la administración de la justicia.

Entonces, el uso de este concepto se fue ampliando a todas las personas en contexto de violencias de género o basadas en género.

Ahora bien, los factores determinantes de la ruta crítica son los procesos seguidos para iniciar una ruta crítica; son las síntesis de una multiplicidad de factores, que a veces tardan años en articularse y producir un resultado. Sin embargo, cuando las personas llegan a un punto de saturación con la situación y logran fortalecerse, demuestran que son capaces de emprender muchas y diversas acciones para poner fin a la violencia de género. Es lo que Susana Velázquez llamaba "proceso de desvictimización" (Vicente y Voria, 2016).

El elemento de lo crítico permite pensar en aquello que se hace visible, como lo que irrumpe en un momento y genera incidente.

Los factores impulsores internos (personales) y factores impulsores externos (contexto) influyen en el primer paso. y los factores inhibidores internos (personales) y factores inhibidores externos (contexto) son aquellos que dificultan tomar la decisión. Puede tratarse de miedo, vergüenza, falta de recursos económicos, presiones familiares, socialización de género, los mandatos, etcétera.

Por último, los factores precipitantes son aquellas situaciones límite que refieren como situaciones que ponen en riesgo sus vidas y la de terceros/as de importancia para esos individuos: la gota que rebalsa.

Dentro de este esquema organizador de algunos de los procesos que atraviesan las personas en situación de violencia, puede incorporarse la perspectiva del acompañamiento terapéutico.

Por un lado, es factible pensar los aspectos clínicos, intrapsíquicos, psicodinámicos, cognitivos comportamentales e interrelacionales; por el otro, los aspectos comunitarios, donde las instituciones forman parte de este eje.

El eje clínico ha sido el eje por excelencia desde donde se ha mirado al acompañamiento terapéutico, en el sentido del campo de inserción de su quehacer. Siendo un profesional enfocado en la formación/intervención en salud mental, ha ido ampliando su inserción, dada la eficacia y plasticidad de encuadre que tiene. La contención emocional y organización psíquica que promueve y facilita ha sido solicitada en diversos espacios en donde circulan personas que, por algún motivo estructural, funcional o situacional, requieren del sostén de este profesional de la salud mental.

En ese sentido, el contexto judicial es un espacio que, en determinadas situaciones, requiere el auxilio de la interdisciplina para resolver y conducir algunas de los casos que debe zanjar.

En ese marco, cada vez más, en los casos de violencia familiar o abusos sexuales contra la infancia, se solicitan acompañantes terapéuticos como garantes del cuidado psicoemocional que deben tener los sujetos que se vinculan. Como en todos los campos disciplinares y científicos, cuando hay infancias comprometidas se trabaja con el enfoque del interés superior del niño, niña o adolescente.

Cuando se habla del AT en casos de violencia, puede hacerse referencia al acompañamiento terapéutico judicial que, mayormente, trabaja con los equipos interdisciplinarios implicados en causas judiciales (como los procesos de revinculación) o bien en la ruta crítica de las personas que atraviesan contextos de violencia, que pueden estar implicadas en causas judiciales o no.

El eje comunitario –que es social, cultural e institucional– atraviesa al eje clínico. En este se encuentran algunos determinantes de las prácticas clínicas, como las legislaciones, la estructura deontológica, los paradigmas, las políticas públicas. Ambos ejes se retroalimentan y generan condiciones para transformar al otro. Trabajar desde estos aspectos permite considerar todas las variables interactuantes.

Una de las estrategias de lectura es la construcción de un flujograma esquemático, que permite delinear las intervenciones e historizar el recorrido que ya ha realizado la persona. A la vez, se identifican sus fortalezas, dificultades y obstáculos.

Hay situaciones que requieren contención emocional y técnica específica en el momento, por lo que se vuelve necesario considerar la incorporación de un dispositivo específico que contemple la espontaneidad, la circulación dentro de los servicios y la adecuada orientación, dentro del desconcierto que genera el estado de situación de la violencia.

La posibilidad de incorporar el dispositivo de acompañamiento terapéutico permite realizar un diagnóstico situacional sobre la ruta crítica y sus componentes. Pero, a la vez, jerarquiza la importancia de la salud mental dentro de los servicios públicos y privados, atravesados por contextos judiciales y policiales, socioeconómicos, etcétera.

Apropiarse del recorrido y del propio territorio de circulación permite la autonomía. Ana Falú (2018) sostiene que el cuerpo es el primer territorio que habitamos y que desde él podremos ser dueñas y decisorias de otros espacios. Solo la posibilidad de facilitar y promover la autonomía del cuerpo, de las ideas, del uso de las instituciones, permitirá a una persona salir adelante en una situación de violencia en la que lo primero que fue atacado y arrasado es el cuerpo biopsicosocial.

La apropiación de la circulación por el espacio público o la apropiación de la circulación por la propia ruta crítica son parte del derecho al territorio, relegado históricamente a ciertos grupos, entre ellos, las mujeres, infancias, disidencias, discapacidades, etcétera: "la violencia a las mujeres –y otros grupos humanos– significa restricciones, restricciones sobre sus vidas. Restricciones sobre cómo se mueven en los territorios públicos y privados (...) Entonces, restricciones en nuestras condiciones de ciudadanía" (Falú, 2018).

Notas

1. Organización Mundial de la Salud (s/f). https://www.who.int/es.
2. La definición de conflicto que aquí se toma es la que dice que es "un juego estratégico entre libertades".

Bibliografía

Bronfenbrenner, U. (1987). *La ecología del desarrollo humano. Experimentos en entornos naturales y diseñados.* Paidós.

Donda, C. S. (2005). *Lecciones sobre Michel Foucault: saber, sujeto, institución y poder político.* Universitas.

Duarte Quapper, C. (2018). La noción de adultocentrismo nos permite hablar de un sistema de dominio. *Entredichos. Intervenciones y debates en Trabajo Social.* UNLP. https://entredichos.trabajosocial.unlp.edu.ar/2018/12/27/claudio-duarte-quapper-la-nocion-de-adultocentrismo-nos-permite-hablar-de-un-sistema-de-dominio/

Falú, A. (2018). Conferencia magistral. Diplomatura en Formación de Acompañantes Comunitarias contra la Violencia de Género (2018/2019).

Foucault, M. (1975/2006). *Vigilar y Castigar. Nacimiento de la prisión.* Siglo XXI.

Grinberg, J. (2010). De "malos tratos", "abusos sexuales" y "negligencias". Reflexiones en torno al tratamiento estatal de las violencias hacia los niños en la ciudad de Buenos Aires. En C. Villalta (comp). *Infancia, justicia y derechos humanos* (pp. 73-108). Universidad Nacional de Quilmes.

Lamas, M. (1998). La violencia del sexismo. En A. Sánchez Vázquez (ed.). *El mundo de la violencia.* UNAM-Fondo de Cultura Económica, pp. 191-198. http://ru.ffyl.unam.mx/handle/10391/1875.

Ravazzola, M. C. (1999). *Historias infames: los maltratos en las relaciones. Terapia familiar.* Paidós, pp. 39-105.

Sagot, M. (2010). *La ruta crítica de las mujeres afectadas por violencia intrafamiliar en América Latina. Estudio de casos en diez países.* OPS/OMS. Programa Mujer, Salud y Desarrollo.

Vicente y Voria (2016). ¿Protegidas o desprotegidas? La integridad de las mujeres en relación a las medidas de protección urgentes establecidas por la Ley 26485 en Argentina. En número monográfico "Beijing+20 y la igualdad de género", *Revista Studia Politicae.* Universidad Católica de Córdoba.

Capítulo 11

De perdidos al río

Alejandro Chévez

Prefacio de un "cadáver exquisito"[1]

El recorrido que aquí se presenta forma parte de la ponencia realizada en el marco del XVIII Congreso Argentino y el XIII Congreso Iberoamericano de Acompañamiento Terapéutico. Dada la importancia del evento, el primero presencial desde hacía muchos años por causa de la pandemia y, para mí, la primera vez que regresaba a la Argentina en siete años, sentía la autoexigencia de presentar un trabajo que estuviera a la altura de la ocasión. Esta atenazadora imposición del Ideal me llevó a desarrollar ya no una presentación, sino tres, que iban variando a medida que se sucedían talleres, conferencias y supervisiones grupales, así como conversaciones con viejos y nuevos amigos como Pablo Dragotto, Brian Banszczyk, Sebastián García y Jimena Molina, con quienes prácticamente convivimos en los días previos al congreso. Una de estas prepresentaciones se centraba en el concepto de vínculo; otra estaba relacionada con conceptos psicodramáticos y la tercera trataba herramientas grupales que uso en el trabajo con familias en Madrid.

Cuando llegó el momento de exponer mi ponencia, de forma espontánea comencé a referirme a la importancia de perderse en el vínculo, una reflexión más ligada a estas conferencias, talleres y conversaciones de los días previos que a cualquier cosa que hubiera preparado. La situación ya era incontrolable, demasiado tarde para volver a lo que traía empaquetado, demasiado pronto para saber adónde llevaría esta deriva. La escena me desafió a seguir la apuesta por la producción que se estaba creando en ese mismo momento, así que me dije "¡De perdidos al río!" y me propuse llegar hasta el final.

¡De perdidos al río!

> "De perdidos al río" es una frase de uso habitual en España. Se dice cuando se ha iniciado ya una acción y hay que procurar terminarla pese a su peligrosidad y aceptando todas las consecuencias. Se emplea para indicar que, ante una situación muy difícil, se opta por la solución más descabellada. (Instituto Cervantes, 2023)

Fue en 2004, en uno de los primeros acompañamientos intensivos realizados por el equipo de acompañantes terapéuticos de Madrid. Los recursos comunitarios públicos todavía no estaban suficientemente desarrollados en la comunidad y veíamos a un paciente con una colorida producción psicótica, encerrado en su casa, en una permanente agitación. Recuerdo que no había manera de lograr que un psiquiatra lo atendiera en su domicilio. El acompañamiento era diario y solo cuando el paciente se hallaba visiblemente alterado se llamaba al 112 (número de Urgencias) para que lo ingresaran un par de días. Esto ocurría al menos una vez al mes. El rasgo distintivo de su funcionamiento era que cada vez que lo ingresaban, él se calmaba y parecía de lo más razonable, pero en su casa era un cazador desbocado, amenazante la mayoría de las veces, peligroso las menos. Tan así era la situación, que el diagnóstico que le habían dado en el Hospital Universitario de La Princesa era síndrome de Ganser, aunque él decía con sorna que lo suyo era un "síndrome de Gangster". En una ocasión en que el paciente estaba muy enfadado, tuve la mala suerte de quedar encerrado en el pasillo que daba a la puerta de salida entre el Conde de Brunswick (como se hacía llamar) y la puerta cerrada. Me vi en peligro y ya no era ni Chévez 1, ni Chévez 2, ni el 3, ni el 4 (un poco más inteligente que los otros tres, según él), "viñetas" de Chévez que venían y hacían habitualmente de secretario, apuntando en un cuaderno sus sentencias de muerte.[2] En esta ocasión era yo el sentenciado y, mientras farfullaba a los gritos en falso alemán, me encontré realmente acorralado.

Me dije entonces "¡De perdidos al río!" y no tuve otra inexplicable ocurrencia espontánea que realizar el "movimiento de la grulla", una posición del Kung Fu famosa gracias a una película de los años 80 llamada *Karate Kid* (aclaro que no tengo ni idea de Kung Fu). Puesto en esta posición, pierna levantada y brazos abiertos en V, entre la puerta y la furia, se produjo lo impensable. El acompañado se calmó, se cuadró e hizo un saludo similar al de las artes marciales, pude salir de la casa ileso e incluso volver. Durante las siguientes dos semanas, el Conde de Brunswick estuvo hablando en falso japonés.

Hay muchas teorías acerca de qué fue lo que sucedió aquella tarde pero, para mí, fue acontecimiento, fue una serendipia. Me permitió intuir la importancia de los actos en nuestra tarea. Con "acto" me refiero a una interacción que produce una escena (en tanto creación y performance) a la vez que es producido por una escena (como rol y representación). Hasta ese momento, manejábamos un planteamiento estrictamente psicoanalítico y psicopatológico para dar sentido a lo que sucedía en el AT; trabajábamos sobre el relato, relegando los actos y la interacción. Aunque hablásemos de vínculo, este era para nosotros algo del orden del discurso. Tuvieron que pasar siete años, hasta que la teoría psicodramática explotara frente a mis ojos con conceptos como espontaneidad, rol y contrarrol, escena y yo auxiliar, para que aquella escena cobrara la forma y el sentido actuales.

De aquel momento, recuerdo la sensación de tensión y liberación, y la extraña alegría que, sin saberlo, era un decidido envío[3] hacia futuro.

Presentarse en la escena, "poner el cuerpo"

Tú vives siempre en tus actos./ Con la punta de tus dedos/ pulsas el mundo, le arrancas/ auroras, triunfos, colores,/ alegrías: es tu música./ La vida es lo que tú tocas.

Pedro Salinas[4]

Poner el cuerpo es enfrentar el riesgo del encuentro con el otro, es una apertura frente a lo imposible, es más una posición ética que un elemento de la técnica. Implicar el cuerpo allí donde nos exponemos contra toda lógica al acontecimiento es una cuestión de valor, como el que tuvieron muchos acompañantes terapéuticos al sostener tratamientos durante la pandemia con mucha menos legitimación y reconocimiento que otros profesionales de la salud. Alegaría también que poner el cuerpo en dicho encuentro no es aún un acto en sí mismo. Tampoco afirmaría que es espontáneo; es más un ímpetu que un acto, una cuestión de determinación, como si uno se autoafirmara en que "las cosas son así, hay que poner el cuerpo". Pero es evidente que algo de heroico y algo de tragedia anida en este ímpetu, como si respondiera a otro orden, más cercano a la *Antígona* de Sófocles que a cualquier héroe de Marvel. Un acto que implica presentarse ante el otro sin guion ni artificios, con todo lo que somos y con todo lo que fuimos, pero, fundamentalmente, con todo lo que nos falta.

Porque cuando hemos puesto el cuerpo, ya es demasiado tarde para pensar si me podría haber servido el curso al que no me apunté, si podría haber supervisado más "el caso" o si podría haberme dedicado a otra cosa. No hay puesta en escena, más bien estamos ahí con lo puesto, nada más que eso, todo eso. La premisa, por lo tanto, es menos clínica que teatral: hay que poner el cuerpo, somos sujetos de un envío que no puede detenerse.

Poner el cuerpo es un "estar ahí" en la escena sin personaje o, más bien, con todo lo humano del personaje expuesto. Se pone el cuerpo cuando el otro cae de la escena; nuestro cuerpo, si estamos allí, es lo que enlaza al acompañado nuevamente a la escena; el cuerpo se interpone al pasaje al acto, permite una continuidad subjetiva. De ahí que el acompañamiento a pacientes graves requiera una presencia continua. No conozco muchas profesiones en la que se realicen acompañamientos de veinticuatro horas. Un ejemplo puede ser la enfermería, que sostiene con su presencia la continuidad de la actividad del cuerpo: el AT, en cambio, sostiene con su propio cuerpo la continuidad de la actividad psicoafectiva.

Poner el cuerpo es condición de toda escena; cuando se abre el telón, alguien debe poner el cuerpo o no hay función. Es a partir de ese momento que la escena puede desplegarse; es el salvavidas frente a la deriva, es traer la pelota cuando se ha pateado afuera y ponerla nuevamente en juego y, además, esperar a ver qué hace el otro con eso que hemos hecho nosotros. Poner el cuerpo es presentación, no representación. Cuando ponemos el cuerpo aparecemos nosotros atravesando el rol; hay algo del exceso que se pone en juego, que rompe lo cotidiano, que no encaja temporalmente con la representación. La representación viene después. Lo que sucede, lo que está siendo, ocurre en un tiempo anterior al del yo. El yo siempre llega tarde al vínculo. Llega cuando ya fue, "no es lo que somos, sino más bien aquello en lo que devenimos" (Deleuze y Guatari, 1993).[5]

El sujeto es esa barca sujeta al envío al cual está "destinado" desde tiempos inmemoriales. Está sujeto al porvenir y es "ser" al tiempo que "ha-cer" (acto); su ser, si es que se puede decir de esta forma, no está separado de su hacer. El sujeto es acción, diferencia, transformación posible/ imposible, en tanto que su estructura es espectral.

Yo propondría asociar el poner el cuerpo a las situaciones límites, cuando se requiere ese plus de presencia, una presencia creativa que va más allá de la representación y de la lógica, ese llamado a dar un Do de pecho al que nunca nos negamos. Al resto de situaciones las llamamos lo cotidiano, el terreno de la representación y de la reproducción, donde hay un índice mínimo de novedad. Lo cotidiano es el espacio de la conserva cultural y el estereotipo social, pero también el territorio donde transcurre la mayor parte del tiempo de nuestros acompañamientos.

Entonces, poner el cuerpo no es una puesta en escena, es la apuesta de la escena, creamos un "momento" en lo cotidiano que cambia lo cotidiano. Según Jacob Levy Moreno, el concepto de momento está asociado siempre al cambio, la novedad y la espontaneidad; en cierto sentido es su versión del concepto de *ereignis* o acontecimiento. Ambos cuestionan la idea de determinismo. El momento es lo que produce ruido en la rutina y la desafía instalando la temporalidad del "antes" y "después" donde había un "siempre". En efecto, muchas veces encontramos pacientes y familias detenidos en el tiempo, en una pauta de interacción que no coincide con el tiempo cronológico; sujetos de cuarenta años tratados como niños, un funcionamiento que curiosamente es reiterado por las instituciones que pretenden modificar esas pautas. Esta es la tendencia de lo cotidiano: repetir las mismas estructuras que pretendemos modificar.

No obstante, si tiembla lo cotidiano también tiembla el sujeto; es en esos momentos en los que se ve claramente que somos garantes y soportes de la escena del otro en un doble juego, mantenemos unido lo cotidiano al tiempo que lo transformamos. Con el cuerpo es con lo que sostenemos la apuesta gracias a la confianza y seguridad del vínculo. En otras palabras, mientras el acompañado se arriesga saltando con nosotros al vacío de la novedad, confiando en el vínculo que nos une, nosotros lo hacemos sin arnés, con la responsabilidad en la garganta, con el miedo a equivocarnos, con el otro a cuestas, pero no hay tiempo de pensar. ¡De perdidos al río!

Tensionamos el encuadre, nos tensionamos nosotros, tensionamos la realidad, poniendo el cuerpo.

EL LADO OSCURO DE LO COTIDIANO

De tus ojos,/ solo de ellos/ Andas por lo que ves./ Nada más.

Pedro Salinas[6]

Afirma Moreno que:

> La conserva cultural se propone ser el producto terminado, y como tal, ha asumido una calidad casi sagrada. Este es el resultado de una teoría de los valores generalmente aceptada. Los procesos llevados a su término, los actos finalizados y las obras elaboradas parecen haber satisfecho más nuestra teoría de los valores que los procesos y cosas que permanecen sin terminar y en un estado imperfecto. (Moreno, 1995)

La conserva cultural es adonde va a morir la creatividad; es el "Así son las cosas"; es también el personaje que se presenta por el diagnóstico ("Soy un TLP", trastorno de la personalidad); es el "Todo sigue igual" de las familias que atendemos. Es, por lo tanto, la forma en que se nos presenta el cotidiano de las personas que acompañamos. Mejor cotidiano patológico conocido que cotidiano por conocer.

Desde una perspectiva sistémica, Helm Stierlin advierte del reduccionismo y dogmatismo de lo cotidiano cuando se impone como un contexto que necesariamente deja fuera otros múltiples contextos que también están en juego.

> Los fundamentalistas cotidianos reducen sin miramientos la complejidad de nuestro mundo posmoderno. De manera rígida y persistente, omiten determinados contextos, se ejercitan en la disociación diacrónica, se resisten de manera grosera contra pretensiones de diversidad de la realidad y contradicciones de la realidad, recurriendo para ello a tradiciones disponibles, dogmas y convenciones. En eso pueden echar mano de las religiones establecidas (del catolicismo, del islamismo y del protestantismo fundamentalista) o bien de ideologías laicas (del marxismo y del nacionalismo, que vuelve a refortalecerse en muchas partes) o confeccionarse algo que les convenga a partir de ellas. (Stierlin, 1997)

Sucede que lo cotidiano es también el lugar de las escenas, el sitio en el que se desarrolla nuestra tarea. Escenas que suelen ser repetitivas y rígidas, como contaba el at al que supervisaba, porque llevaba tres años acompañando a una persona, sentado siempre en el mismo banco del parque (si cambian este lugar por un sofá o una cafetería, seguramente van a encontrar una experiencia similar en vuestro recorrido). Le pregunté: "¿Intentaste levantarte alguna vez?". Me dijo que no, que pensaba que acompañar era estar ahí, con él.

Entiendo que lo que nos gustaría es ser los adalides de lo imperfecto, los portadores de la diferencia, los promotores del cambio; lamentablemente, el cotidiano de nuestros pacientes es alérgico a este tipo de valores. Nos recibe como reproductores del discurso psiquiátrico, como extensiones de los dispositivos públicos de control o como salvadores impotentes y frustrados por la impotencia, la última representación de una escena repetida. El vínculo nos asimila al cotidiano en el que se inscribe, por eso un acompañamiento *en* lo cotidiano requiere una clínica *de* lo cotidiano (Dozza, 2014). Si nos entregamos a lo cotidiano patológico sin un trabajo específico que incluya el análisis de su compleja estructura, de las escenas que produce y de los roles que encarnamos, corremos el enorme riesgo de ser asimilados por sus mecanismos de control homeostáticos (deslegitimación, trivialización del cambio, negación, asimilación, etc.) y de perder, por tanto, todo nuestro potencial de cambio y pasar a formar parte del *statu quo*. Y, entonces, es el fin.

Del rol al acto

Y si una duda te hace/ señas a diez mil kilómetros,/ lo dejas todo, te arrojas/sobre proas, sobre alas,/ estás ya allí; con los besos,/ con los dientes la desgarras:/ ya no es duda./Tú nunca puedes dudar.

Pedro Salinas[7]

Primero es el verbo, el rol, el acto. La teoría psicodramática plantea una sugerente propuesta: "El desempeño de roles es anterior al surgimiento del yo. Los roles no surgen del yo, sino que el yo surge de los roles" (Moreno, 1995). El rol y, por lo tanto, el acto, es performativo del yo y, por eso, de la realidad que construye. La realidad es una construcción relacional que se produce a partir de los restos de actos que, como huellas caídas, va recogiendo el yo, sin ton ni son. El ton (tono) y el son (sonido) nos lo brindan nuestros compañeros de orquesta, para no andar desafinados por la vida.

El acto es también una forma de escritura. Una "forma de escritura automática en el espacio real, en un errabundeo literario/campestre impreso directamente en el mapa de un territorio mental" (Careri, 2013). Es, asimismo, el soporte que había antes de la letra, simple y limitado, pero presente y necesariamente presencial, cuando la escritura se apoyaba en la oralidad, en la huella, en la danza y en el ritual de lo cotidiano. El signo es la muerte del acto, "el significante es la muerte de la fiesta" (Derrida, 2003)[8]. Separa la escritura del acto, separa la vida de la cosa. El acto se separa del aquí y ahora y, se vuelve re-presentable. Junto con el código, surgen los primeros roles simbólicos; el yo/actor nace de esta escisión entre el representante y lo representado. Este no es un planteamiento nuevo; está presente en el "mi" que se diferencia del "yo" para George Mead, en el "*moi*" del "*je*" para Jacques Lacan, en el "actor" de la "persona", según Erwin Goffman. Está, por un lado, el yo de la presentación, el yo del acto, el yo ejecutor y, por el otro, el yo objeto, el yo de la representación, el yo de la re-flexión. Solo podemos conocer este último, dado que el otro, el yo *in agere* (del acto) solo es aprehensible a partir de la conducta del otro; la representación del yo nos viene de la interacción con el otro antes de que podamos crear una por nosotros mismos. Desde la teoría de roles, el yo es siempre un resultado del interjuego entre un rol y el contrarrol, lo que en acompañamiento terapéutico llamamos vínculo. Por eso es una falsedad la idea de aislarse para conocerse a sí mismo: solo podemos conocernos estando con otros, inter-actuando.

Avancemos un poco más. Todo acto es una realización psicodramática y es vincular, esto quiere decir que implica actores en relación, una escena, una performance y un escenario. Una escena es siempre orquesta: no tocamos solos, es polifónica. El acto pone en escena una relación; ella contiene en sí la historia de todas las relaciones (dimensión vertical o diacrónica), así como todas las relaciones presentes en un momento dado (dimensión horizontal o sincrónica) (Población, 2019). Todo acto es pleno en tanto contiene el inicio de todas sus posibilidades en *status nascendi*. El grado de creatividad con que afrontemos este inicio estará determinado por el *quantum* de espontaneidad que pongan en juego los actores en esa escena en particular, en un lugar y momento determinados. A este *quantum* de espontaneidad Moreno lo denomina "factor e", entendido con un carácter relacional, sumativo y medible. Las herramientas del actor (y del acompañante terapéutico) son múltiples: un gesto, una posición del cuerpo, una inflexión de la voz, una palabra, el acto creativo es el que rompe con la repetición e introduce la novedad. Es la repetición de lo diferente.

El paciente repite su escena, nosotros actuamos como yo auxiliares de esta re-presentación, pero lo hacemos aportando algo nuevo; nuestra espontaneidad trabajada nos permite adecuar el acto a la escena, al tiempo que la cambiamos. Para el paciente (para su yo) la escena es vivida internamente como "la misma de siempre", pero es diferente a nivel del acto, porque incluye la novedad, hay otros efectos y otros afectos. Es un cambio que, a nivel del yo, se reproduce en un marco de seguridad, una seguridad que no impide que lo diferente irrumpa en lo mismo de forma subliminal y "lo de siempre" se convierta en un *Momento.* Ante una transgresión, por ejemplo, el paciente puede buscar (a nivel del acto y del contrarrol) que nos enfademos, que lo castiguemos, que lo abandonemos, pero esoo no sucede y se inscribe en la escena una novedad. El vínculo terapéutico es un virus en la Matrix relacional del paciente.

La espontaneidad nos permite perdernos en el vínculo, pero nos hace extraños a la racionalidad de las instituciones y a la lógica del control; nos hace errantes y erráticos, una especie de aventureros terapéuticos en extinción, porque asumimos el riesgo y nos lanzamos al río.

De pronto, entró la Libertad

Porque has vuelto los misterios/ del revés. Y tus enigmas,/ lo que nunca entenderás,/ son esas cosas tan claras:/ la arena donde te tiendes,/ la marcha de tu reloj/ y el tierno cuerpo rosado/ que te encuentras en tu espejo/ cada día al despertar,/ y es el tuyo. Los prodigios/ que están descifrados ya.

Pedro Salinas[9]

Ahora bien, hagamos lo que hagamos, hay una parte del vínculo que nos atrapa y otra que escapa de nuestro control (y al del encuadre), con efectos impredecibles en nosotros, el acompañado y el entorno en el que transcurre el acompañamiento.

Desde mi punto de vista, un acompañante terapéutico es quien puede perderse en el vínculo y no padecer un ataque de nervios en el intento, y esto sucede porque hemos convertido a la incertidumbre en una técnica terapéutica. Si Descartes tenía su duda metódica, nosotros tenemos nuestra duda metodológica. Nuestro método no consiste en cuestionar las cosas, como objetos de una realidad terminada (conservas culturales), desechando todo lo que pudiera presentar duda, sino más bien todo lo contrario: aceptamos que la realidad tal cual se nos presenta es dudosa, inconclusa, está a medio terminar y, por lo tanto, abierta a la creatividad y el cambio. No pretendemos encontrar un sentido último y verdadero, sino participar a través del vínculo de la creación de nuevas representaciones (escenas) y transformarnos también en la medida que el vínculo imperfecto e inacabado se transforma. "Un creador es como un corredor para quien, en el acto de correr, la parte del camino que ya ha pasado y la parte que está ante él son cualitativamente la misma cosa" (Moreno, 1993).

Byung-Chul Han señala que "se ha inventado el ferrocarril, el automóvil y el aeroplano para eliminar el medio fantasmal entre las personas y tranquilizar a las almas" (Han, 2021): debemos sabernos conectados; si no existe conexión, nos inventamos una, como sucede con las redes sociales, que mantienen la ilusión de estar vinculado al otro. Pero estas tecnologías de relación no acortan las distancias, las sostienen, así como el automóvil nos acerca, pero a la vez nos permite vivir más lejos. Para este filósofo, la proximidad no es ausencia de distancia. Por el contrario, la cercanía está inscrita en la distancia y viceversa: ambas forman parte del mismo acto, como dos caras de la moneda.

Somos tan próximos como distantes, tan prójimos como diferentes; no hay un largo continuo entre estos polos, en donde nuestro ego, con aires de grandeza, pudiera identificar el exacto punto medio, la "distancia (terapéutica) óptima" o la "cercanía óptima". Cuando iniciamos un acompañamiento emprendemos un camino que nos lleva, si aceptamos el desafío, a perdernos en el vínculo; se trata menos de un recorrer que de un errar.

En la historia del mundo, antes que existieran los caminos, existía el nomadismo que hacía "camino al andar" detrás del desplazamiento cíclico de los animales, pero presuponía un retorno. El trabajo vincular tiene este elemento nomádico, pero tengo la intuición de que hay un más allá. Francesco Careri plantea que antes del nomadismo estaba el errabundeo (del cual es una evolución. El errabundeo consistía en la realización de un recorrido errante, ligado a la persecución de las presas; a diferencia del nomadismo, no tenía un objetivo definido y poseía la cualidad de desarrollarse en "un espacio vacío todavía no cartografiado" (Careri, 2013), metáfora espacial adecuada también para definir lo vincular.

El errabundeo demandaba un alto grado de intuición y espontaneidad, porque requería saber ver las huellas para no perder la presa, al tiempo que reconocer los signos de amenaza y peligro, para no ser devorado por ella. Esta "capacidad de saber ver en el vacío de los lugares y, por lo tanto, de saber nombrar, es una facultad aprendida durante los milenios que preceden al nacimiento del nomadismo" (Careri, 2013).

Por eso creo que es correcto pensar que el vínculo implica tanto un desafío como una pérdida; que no depende tanto del progreso de nuevos desarrollos técnicos como de la recuperación de conocimientos atávicos, ligados al acto de andar, transformar/se y sobrevivir en grupo.

> El acto de andar, si bien no constituye una construcción física de un espacio, implica una transformación del lugar y de sus significados. Solo la presencia física del hombre en un espacio no cartografiado, así como la variación de las percepciones que recibe del mismo cuando lo atraviesa, constituyen ya formas de transformación del paisaje que, aunque no dejan señales tangibles, modifican culturalmente el significado del espacio y, en consecuencia, el espacio en sí mismo. (Careri, 2013)

El acompañamiento terapéutico como performance es vínculo en movimiento, que se expresa a través de cuerpos que se desplazan atravesando diferentes espacios que son subjetivamente transformados. Podemos afirmar que andar es una producción subjetiva; ya en 1924 el surrealismo de André Bretón exploraba las transformaciones subjetivas que produce el deambular, palabra que contiene la idea misma de desorientación y abandono inconsciente. Como relata él mismo en un texto escrito en 1952: "La ausencia de cualquier tipo de objetivo nos aparta muy pronto de la realidad, y levanta bajo nuestros pasos fantasmas cada vez más numerosos, cada vez más inquietantes" (Breton, 2013). Esta experiencia da lugar a la creación de los "mapas influenciales", mapas subjetivos muy similares a las *Guías de caminatas subjetivas* realizadas por Andrea Montuori en su "Programa de caminatas: acompañamiento terapéutico grupal" con un grupo de pacientes con patologías graves y crónicas, donde explica la experiencia de la siguiente manera:

> Participar tiene que ver con el uso de los espacios públicos, con la reapropiación de la comunidad, con re-conocer los escenarios cotidianos donde se construyen las identidades de los individuos. Todo eso necesita un lugar, un espacio donde poder redefinir la realidad (conflictos, problemas, soluciones, identidad, diversidad y diversión) y con la posibilidad de ver "algo nuevo" en lo que creemos conocido. Gracias a las caminatas podíamos ver este "algo nuevo" que buscábamos, salir del aislamiento y abrirse al mundo para expresar este mundo interior con libertad. (Chévez, 2022)

Si el vínculo implica habitar un espacio vacío todavía no cartografiado, lo lógico es perderse. Sobre este tema, Franco La Cecla expresa:

> Perderse significa que entre nosotros y el espacio no existe solamente una relación de dominio, de control por parte del sujeto, sino también la posibilidad de que el espacio nos domine a nosotros. Son momentos de la vida en los cuales empezamos a aprender del espacio que nos rodea (...). Ya no somos capaces de otorgar un valor o un significado a la posibilidad de perdernos. Cambiar de lugares, confrontarnos con mundos diversos, vernos obligados a recrear con una continuidad los puntos de referencia, todo ello resulta regenerador a un nivel psíquico, aunque en la actualidad nadie aconsejaría una experiencia de este tipo. En las culturas primitivas, por el contrario, *si alguien no se pierde no se vuelve mayor*[10]. Y este recorrido tiene lugar en el desierto, en el campo. Los lugares se convierten en una especie de máquina a través de la cual se adquieren nuevos estados de conciencia. (La Cecla, 1988)

Es interesante aquí como el autor presenta una relación directa entre transformación subjetiva y la acción de perderse, que da lugar al crecimiento a través de un pasaje entre un ciclo vital y otro. El vínculo del AT también comparte estos mismos lineamientos que relacionan transformación, movimiento y pérdida a subjetivación y crecimiento.

En su libro sobre la terapia peripatética, afirma Demetrius França:

> Podemos olvidarlo, pero el caminar es una técnica, aunque primaria, aprendida en la infancia para que podamos explorar y cambiar el mundo en el que vivimos. Más que una técnica de locomoción, el caminar integra de manera intuitiva y corporal, por un lado, el proceso cotidiano de comprensión de la organización y reorganización dinámica de nuestras miradas sobre el mundo. Por otro lado, también integra nuestros procesos de intervención y ocupación del espacio que habitamos y exploramos. (França, 2020)

¿No será que el acompañamiento terapéutico es, sin más, una sucesión de huellas banales y efímeras, pasos que no dejan huella por separado, pero que en su conjunto constituyen un recorrido indeleble e imperecedero?

Ahora bien, siempre tendremos la opción de aferrarnos a los márgenes seguros de la técnica, que nos resguardan de los riesgos, pero a sabiendas de que nos vuelven un poco más insensibles al vínculo. "Solo alguien que ha dominado la técnica y ha conseguido olvidarla después puede llegar a ser un terapeuta competente" (Minuchin y Fishmann, 2020).

Los heraldos negros

> *Y nunca te equivocaste,/ más que una vez, una noche/ que te encaprichó una sombra/ –la única que te ha gustado–./ Una sombra parecía./ Y la quisiste abrazar./ Y era yo.*
>
> **Pedro Salinas**[11]

Imaginemos el vínculo como un escenario en donde se despliegan escenas fantasmáticas, un lugar de lo indeterminable, salvaje, transgeneracional. Creamos luego técnicas para dominar el vínculo, para anticipar las escenas terroríficas que nos produce habitar esa oquedad, los profesionales vinculares nos preciamos de dominar el vínculo, de ser capaces de encontrarnos en él. Pero no hay nada más falso que esta afirmación, y a los futuros gladiadores de esta lisa les conviene saberlo: no estamos preparados para poner el cuerpo, al menos, no con la devoción, calma y el riesgo que el acto espontáneo demanda. Viktor Frankl podía asegurar a principio del siglo, con tranquilidad, que "es el vínculo el que cura"; en la actualidad, son muchos más lo que repiten la frase, pero queda vacía, porque la proclama suele venir acompañada de propuestas metodológicas con el objetivo de usar al vínculo para curar, que no es lo mismo. ¿Trabajar *desde* el vínculo como *fin* mismo de la intervención? o ¿trabajar *con* el vínculo como *medio* (o "herramienta") para lograr otros cambios terapéuticos? Si el vínculo se moviera del eje de la intervención, ¿qué efectos tendría?, ¿seguiríamos hablando de la misma cosa? [12]

Para la subjetividad actual, el tratamiento vincular es insuficiente. Pasamos de elogiar que "el acompañante terapéutico sea un terapeuta que se parece a una persona" (Dozza, 2022) a la creciente profesionalización que lo convierte en una persona que se parece a un terapeuta. Menudo cambio.

Desde mi punto de vista, podría pensarse en un desdoblamiento del vínculo que debería ser interpelado en dos planos:

Por un lado, el vínculo-control, el que utiliza la relación terapéutica para lograr un objetivo concreto y establece un vínculo positivo y de confianza para que el profesional pueda movilizar al paciente hacia una mayor autonomía y capacidad frente a los desafíos de su entorno. En este marco, los at deberían aprender a manejar el vínculo, sumar técnicas que le permitieran influir sobre el paciente y hacer que este cambie hacia una relación más funcional con su entorno.

Por otro lado, si el planteamiento estuviera centrado en transformar el propio vínculo, que este pierda automatismos y sea más espontáneo, es decir más flexible y creativo, a la vez que más adecuado al contexto social y, que pueda generalizarse dando lugar a una mayor apertura, a una mayor diferenciación y subjetivación del sí mismo, de sus relaciones y del entorno. En esta modalidad, que llamaría vínculo-espontaneidad, el profesional debería entrenar su naturalidad para adaptarse a modalidades vinculares complejas y tener la flexibilidad suficiente para ir transformándose junto con el paciente en la medida que la relación avanzara.

Jacobo Levy Moreno señala:

> Quizás se aclare mejor la necesidad de la educación de la espontaneidad si consideramos el ambiente en el que el sujeto tiene que exteriorizar sus deseos. Los tipos de situaciones que encuentra son limitados en número. Pero el matiz que cada situación recibe de las cosas que son una parte de ella y de los individuos que intervienen en ella, hace que el número de situaciones sea prácticamente infinito. Considérense las limitaciones de un alumno, por ejemplo, que quizás haya aprendido el modo de tratar a las tres o cuatro personas de su familia inmediata. Puede entonces inclinarse a tratar a todo el mundo de la misma manera, a ver a todas las personas en los papeles que él ha experimentado y a tener una respuesta preparada para ellas. (Moreno, 1995b)

Trabajar en el plano del vínculo-espontaneidad cuestionaría la necesidad de dominar, controlar o utilizar el vínculo de alguna manera, aunque es totalmente válido enfocar la tarea desde el vínculo-control, sobre todo en ciertos contextos institucionales en los que el control define la relación, como por ejemplo acompañamientos con personas judicializadas, que cumplen condena o requieren el acompañamientos para obtener una mejora en su sentencia; el trabajo con inmigrantes en situación de irregular o familias con menores en riesgo donde se está valorando la tutela judicial. Estas son situaciones en las que el contexto de control determina la intervención ubicando al profesional en una función evaluativa o valorativa que imponga una asimetría insalvable.

"Las caídas hondas de los Cristos del alma"[13]

Si te postran diez veces, te levantas/ otras diez, otras cien, otras quinientas:/ no han de ser tus caídas tan violentas/ ni tampoco, por ley, han de ser tantas.

Pedro Bonifacio Palacios (Almafuerte)[14]

Se nos plantea un desafío anacrónico, disparatado e instituyente a la vez: ¿estamos preparados para ser los primeros profesionales de la salud mental en aceptar el vínculo como un espacio que nos domina a nosotros?, ¿estamos metodológicamente listos para crear una profesión basada realmente en la experiencia de perderse en el vínculo?, ¿hemos pasado a "la mayoría de edad", como propone Franco La Cecla? En sus raíces indoeuropeas, *per* (que significa intentar, arriesgar, poner a prueba) está presente, no por casualidad, en la etimología de la palabra "peligro", que proviene del latín, *periculum*.

Poner a prueba, poner el cuerpo. Poner a prueba el cuerpo frente al riesgo de lo vincular, frente al peligro del sin control. Esta es nuestra tarea; el acompañamiento terapéutico corre el riesgo de caer en el afán desesperado de controlar la potencia curativa y destructiva del vínculo a través del encuadre. De ser "muy de esta época" y olvidar que somos como un conejo cabalgando un dragón que cree que podrá domesticarlo. La condición de ser at es a costa de sentirnos insuficientes.

No formamos parte de esa subjetividad de los años setenta que produjo grandes pensadores de lo grupal, lo familiar y lo comunitario como Isidoro Bernstein, Enrique Pichon-Rivière, Salvador Minuchin, Dalmiro Bustos, Hernán Kesselman y Jorge García Badaracco, entre muchos otros, la lista sería eterna. Nosotros, por el contrario, hemos crecido en la época del individualismo, en la era del ego, la imagen y las redes sociales, con instituciones cada vez más controladoras, "profesionalizadas" y privatizadas (prácticamente, la totalidad de Sanidad en España está gestionada por empresas privadas, aunque siga denominándose "servicios públicos"), a la vez que tienen más y mejores logaritmos para ejercer ese control individual. ¿No nos habremos convertido en la sombra de aquel heroico afán de curar con el vínculo? ¿En héroes caídos "de alguna fe adorable que el Destino blasfema"[15]?

En un momento en el que la subjetividad se vuelve solipsista, apostar por el vínculo constituye un acto revolucionario.

Considero que el acompañamiento tiene lugar cuando hay una acomodación suficientemente buena entre la propuesta vincular del acompañante y su entorno, la adecuación de un encuadre vinculante, y la modalidad vincular de la persona que acompañamos, y las pautas relacionales de su entorno, en tanto que, en su versión ampliada, el acompañamiento implica a un grupo que acompaña a otro

Vemos que el acompañamiento terapéutico exige contar con "un pensamiento sofisticado para llegar a articular intervenciones aparentemente simples" (Minuchin, 1979). Es esta aparente simpleza lo que permite suponer, por error, que diferentes formatos metodológicos pueden realizar la misma función. Lamentablemente, estas propuestas que relegan al vínculo por otros parámetros solo encuentran el fracaso una vez realizado el daño.

Último acto

La frase, que vuelve íntegramente sobre sí misma, construida letra a letra como un laberinto del cual nadie escapa, de manera que armoniza la forma y el contenido de la perdición. La fórmula para derrumbar el mundo no la fuimos a buscar a los libros, sino vagando (por la ciudad) junto a cuatro o cinco personas poco recomendables (...). Aquello que habíamos comprendido no fuimos a contarlo a la televisión. No aspiramos a los subsidios de la investigación científica, ni los elogios de los intelectuales. Llevamos el aceite adonde estaba el fuego.

Guy Debord[16]

No podemos hablar de "perderse en el vínculo" sin hacer referencia al "encuentro". Porque en esto consiste la propuesta: en perderse para encontrarse desde otro lugar, de otra manera. Jacobo Levy Moreno, en 1930, define "encuentro" de la siguiente forma:

> "Encuentro" significa más que una vaga relación interpersonal. Significa que dos o más personas se encuentran, pero no solamente para enfrentarlas, sino para vivir y experimentarse mutuamente, como actores, cada uno según su propio derecho, no como encuentro "profesional" (del método de casos, de un médico o un observador participante con sus sujetos), sino un encuentro de dos personas. En un encuentro, las dos personas que están allí, con todas sus fuerzas y sus debilidades, dos actores humanos bullendo de espontaneidad, solo en parte conscientes de sus fines comunes. (Moreno, 1995)

No hay posibilidad de encuentro sin contar con la ganancia de la pérdida del control omnipotente, es decir, sin contar con la espontaneidad.

Córdoba, 8 de octubre de 2023, *XVIII Congreso Argentino de Acompañamiento Terapéutico.* Con Pablo Dragotto nos propusimos realizar una supervisión grupal utilizando como tema disparador la pandemia, el confinamiento y la angustia suscitada. Asistieron aproximadamente unas ochenta personas. Después de varias selecciones sociométricas en la que se fueron cribando por selección grupal, una a una, las escenas que se iban proponiendo, la escogida correspondió a una acompañante cuyo positivismo, esperanza y valentía estaban fuera de toda duda. Eso quedó representado en su primer acto: quitarse los zapatos. Si tu escena va a soportar el peso de la angustia de más de ochenta personas angustiadas, no hay mejor idea que tener los pies bien en la tierra. Este acto tan desconcertante como espontáneo la define. Su escena consistió en la creación una cadena humana doble, que protegía a los que estaban dentro: el paciente en el suelo pegado a ella, la hermana del paciente, y también los terapeutas. Por fuera, el caos y la muerte. Un círculo de amor que concentraba tanta energía que uno podía sentir el calor al entrar en él. El amor a prueba de pandemias. Una emoción desbordante bordada en un tejido humano que, mano con mano, protegía la escena. Un círculo de valor y tenacidad, ilusión e ingenuidad sin las cuales es imposible abordar el vínculo. Su generosidad puso voz al sentimiento grupal, que podía sintetizarse en la siguiente frase: "Junto a mí, pase lo que pase". La compañera había logrado –espontaneidad trabajada mediante– perderse en el vínculo sin tener un ataque de pánico. Y produjo dentro un círculo enorme de amor, protección y esperanza formado por más de treinta participantes entrelazados de manera orquestal, que prestaron sus cuerpos para dar forma a la escena. Los que estuvimos allí nunca lo olvidaremos.

El psicoanálisis aportó la asociación libre y liberó el pensamiento, el psicodrama aportó la espontaneidad y liberó el cuerpo, el acompañamiento lo llevó a la calle y nos liberó a todos.

Notas

1. El presente trabajo es un cadáver exquisito disfrazado de capítulo. El "cadáver exquisito" o *cadavre exquis* es una técnica-juego empleada por los surrealistas franceses. Los participantes escriben por turno en una hoja de papel, que luego se pliega para cubrir la mayor parte de la escritura, y después se pasa al siguiente jugador para que lo haga a su vez.
2. Es visible que éramos novatos y seguíamos a rajatabla los lineamientos metodológicos de los primeros libros de AT.

3. Jacques Derrida sostiene que el envío "no constituye unidad y no comienza consigo mismo, aunque no haya nada presente que le preceda; no emite más que remitiendo ya, no emite, más que a partir de lo otro, de lo otro en él sin él. Todo comienza con remitir, es decir que no comienza. Desde el momento en que esa fractura o esa partición divide de entrada todo remitir, hay no un remitir sino, de aquí en adelante, siempre, una multiplicidad de remisiones, otras tantas huellas diferentes que remiten a otras huellas y a huellas de otros.(...) Esta divisibilidad del envío no tiene nada de negativo, no es una falta, es algo completamente diferente del sujeto, del significante (...) esta différance es la condición para que haya envío, eventualmente un envío del ser, una dispensación o un don del ser y del tiempo, del presente y de la representación. (...) Estas remisiones de huellas o estas huellas de remisiones no tienen la estructura de representantes o de representaciones, ni de significantes ni de símbolos, ni de metáforas ni de metonimias, etcétera. (...) Queda abierta la cuestión de saber si es lo irrepresentable de los envíos lo que produce la ley (por ejemplo, la prohibición de la representación) o si es la ley lo que produce lo irrepresentable al prohibir la representación. (...) Pero la ley misma no llega quizá, no nos llega, sino transgrediendo la figura de toda representación posible, cosa difícil de concebir, como es difícil de concebir cualquier cosa que esté más allá de la representación" (Derrida, 1996).
4. Pedro Salinas. Poema "La voz a ti debida", primera estrofa.
5. La cita completa es: "Para Foucault, lo que cuenta es la diferencia del presente y lo actual. Lo nuevo, lo interesante, es lo actual. Lo actual no es lo que somos, sino más bien lo que devenimos, lo que estamos deviniendo, es decir el Otro, nuestro devenir-otro. El presente, por el contrario, es lo que somos y, por ello mismo, lo que estamos ya dejando de ser. No solo tenemos que distinguir la parte del pasado y la del presente, sino, más profundamente, la del presente y la de lo actual. No porque lo actual sea la prefiguración incluso utópica de un porvenir de nuestra historia todavía, sino porque es el ahora de nuestro devenir".
6. Pedro Salinas. Poema "La voz a ti debida", segunda estrofa.
7. Pedro Salinas. Poema "La voz a ti debida", tercera estrofa.
8. Cita completa: "El significante es la muerte de la fiesta. La inocencia del espectáculo público, la buena fiesta, la danza en torno al punto de agua, si se quiere, abrirían un teatro sin representación. O más bien una escena sin espectáculo: sin teatro, sin nada por ver. La visibilidad (...) siempre es lo que, separándola de sí misma, mutila la voz viviente. Pero ¿qué es eso de una escena que no hace ver nada? Es el lugar donde el espectador, dándose a sí mismo como espectáculo, no será ya vidente ni mirón, borrará en él la diferencia entre el comediante y el espectador, lo representado y el representante, el objeto mirado y el sujeto que mira".
9. Pedro Salinas. Poema "La voz a ti debida", cuarta estrofa.
10. El resaltado me pertenece.
11. Pedro Salinas. Poema "La voz a ti debida", estrofa final.
12. Rindo acá homenaje al que sin duda fue el mejor acompañante terapéutico con el que tuve la oportunidad de trabajar: Manuel Chamorro Mena, lamentablemente

fallecido. Extrañamos su calma, su templanza y sus ocurrencias. Era un militar retirado.

13. César Vallejo. Del poema "Los heraldos negros".
14. Pedro Bonifacio Palacios (*Almafuerte*). Del poema "¡Avanti!".
15. César Vallejo. Del poema "Los heraldos negros".
16. Guy Debord (1994). *Oeuvres Cinématographiques Complètes.* Gallimard.

Bibliografía

Alexander, F. y French, T. (2017). *Terapéutica psicoanalítica.* Paidós.

Breton A. (2013). Entretiens 1913-1952. En F. Careri, *Walkscapes. El andar como práctica estética.* Gustavo Gili. (Trabajo original publicado en 1952)

Careri F. (2013). *Walkscapes. El andar como práctica estética.* Gustavo Gili.

Chévez A. *et al.* (2022). *Acompañamiento terapéutico en España.* Kuruf.

Chévez, A. y Montuori, A. (2016). Psicodrama como herramienta conceptual para el acompañamiento terapéutico. En M. L. Frank, *Acompañamiento terapéutico en las fronteras.* Brujas.

Deleuze G. y Guattari F. (1993). *¿Qué es la filosofía?* Anagrama.

Derrida, J. (1996). *La desconstrucción en las fronteras de la filosofía.* Paidós.

Derrida, J. (2003). *De la Gramatología.* Siglo XXI.

Dozza, L. (2014). *Acompañamiento terapéutico y clínica de lo cotidiano.* Letra Viva.

Dozza, L. (2022). La clínica de lo cotidiano. En A. Chévez, *Acompañamiento terapéutico en España.* Kuruf.

França, D. (2020). *Terapia peripatética de grupo.* Appris.

Han, B-Ch. (2021). *Las no-cosas.* Taurus.

Instituto Cervantes (2023).
https://cvc.cervantes.es/lengua/refranero/ficha.aspx?Par=58474&Lng=0

Kuras, S. y Resnizky, S. (1985). *Acompañantes terapéuticos y pacientes psicóticos.* Trieb.

La Cecla, F. (1988). *Perdersi, l'uomo senza ambiente.* La.t.rza.

Minuchin, S. (1979). *Familias y terapia familiar.* Gedisa.

Minuchin, S. y Fishmann C. (2020). *Técnicas de terapia familiar.* Paidós.

Moreno, J. L. (1995). *El psicodrama. Terapia de acción y principios de su práctica.* Lumen.

Moreno, J. L. (1995b). *Las bases de la psicoterapia.* Lumen.

Pichon-Rivière, E. (1985). *La teoría del vínculo.* Nueva Visión.

Población, P. (2019). *Tratado de psicoterapia activa.* Morata.

Stierlin H. (1997). *El individuo en el sistema. Psicoterapia en una sociedad cambiante.* Herder

Yalom, I. (1984). *Psicoterapia existencial.* Herder.